30天身体紧致方案

# 核心力量体能训练法

HEXIN LILIANG TINENG XUNLIANFA

崔东霞　主编

·北京·

本书针对各核心肌肉的锻炼建立起了一套完整的训练体系,将近200种训练方法以近300副真人演示图进行示例,详细介绍了以徒手静力练习、哈他瑜伽练习、哑铃瑜伽练习、PNF拉伸练习等为代表的针对核心稳定性的训练方法,和以弹力带练习,瑞士球徒手练习,瑞士球上哑铃、沙袋练习,瑞士球、平衡垫上杠铃练习等为代表的针对核心力量的训练方法。编写过程中充分遵循训练方法由易到难,锻炼肌群由深层次小肌群到身体表层大肌群,训练过程由稳定性训练过渡到不稳定性训练再回归不稳定性训练的规律。

本书不仅可以为一般人群进行身体素质提升、加强肌体紧致相关锻炼提供指导,还可以为从事田径、游泳、足球、篮球、体操等运动项目的运动员、教练员进行核心稳定性与核心力量训练提供参考。

## 图书在版编目(CIP)数据

核心力量体能训练法 / 崔东霞主编. —北京:化学工业出版社,2013.5(2023.1重印)

(30天身体紧致方案)

ISBN 978-7-122-16732-3

Ⅰ. ①核… Ⅱ. ①崔… Ⅲ. ①身体训练-方法 Ⅳ. ① G808.14

中国版本图书馆CIP数据核字(2012)第050853号

责任编辑:宋 薇 　　　　装帧设计:IS 溢思视觉设计工作室
责任校对:边 涛

出版发行:化学工业出版社
　　　　(北京市东城区青年湖南街13号　邮政编码100011)
印　　装:大厂聚鑫印刷有限责任公司
850mm×1168mm 1/32 印张 4$\frac{1}{4}$ 字数203千字
2023年1月北京第1版第14次印刷

购书咨询:010-64518888
售后服务:010-64518899
网　　址:http://www.cip.com.cn
凡购买本书,如有缺损质量问题,本社销售中心负责调换。

定　　价:38.00元　　　　　　　　　　　　版权所有　违者必究

## 编写人员

主　　编　崔东霞
副 主 编　李　钊　乐严严　徐　东
参编人员　谭　进　蒋艳阳　陶　琳　闫　荣　周　丽　张文杰
　　　　　李彦乐　李鸿昕　李珍珍　梁敏华　刘迎龙　毛　航
　　　　　孙龙龙　王玉合　蔡文峰　张　迪　张明坤　张婷婷
　　　　　刘亚迪　张　凯　田华喜　蔡晓龙

# 前言
## Foreword

　　20世纪90年代核心稳定性与核心力量训练一经引入我国，便引起了专家学者与教练员的高度重视，他们在进行了大量研究的基础上，将该理论广泛应用于田径、游泳、足球、篮球、体操等运动项目的体能训练中，为运动员显著提高运动成绩奠定了基础。多年来的大量实践还证明，核心稳定性与核心力量训练对于以身体素质提升、加强肌体紧致为锻炼目的的一般人群也有积极的辅助作用。

　　本书在总结、归纳核心力量训练方法的基础上进行了创新，针对各核心肌肉的锻炼建立起一套完整的训练体系。全书将166种训练方法以近300副真人演示图进行示例，详细介绍了以徒手静力练习、哈他瑜伽练习、哑铃瑜伽练习、PNF拉伸练习等为代表的针对核心稳定性的训练方法，和以弹力带练习，瑞士球徒手练习，瑞士球上哑铃、沙袋练习，瑞士球、平衡垫上杠铃练习等为代表的针对核心力量的训练方法。编写过程中充分遵循训练方法由易到难，锻炼肌群由深层次小肌群到身体表层大肌群，训练过程由稳定性训练过渡到不稳定性训练再回归不稳定性训练的规律。

　　本书在编写过程中参考和借鉴了大量的文献和最新成果，特别是顾德明的运动解剖学图谱。本书由崔东霞主编，李钊、乐严严和徐东副主编，全书动作演示模特由田华喜和刘亚迪担任。参加编写的有：谭进、蒋艳阳、陶琳、闫荣、周丽、张文杰、李彦乐、李鸿昕、李珍珍、梁敏华、刘迎龙、毛航、孙龙龙、王玉合、蔡文峰、张迪、张明坤、张婷婷和蔡晓龙。

　　鉴于作者水平所限，书中若有不妥之处，敬请广大读者批评指正。

编者
2013年6月

# 目录
## Directory

### 绪 论
1. 核心稳定性与核心力量的起源与发展 …………………………………… 2
2. 核心力量与核心稳定性的定义 …………………………………………… 2
3. 核心的范围 ………………………………………………………………… 4
4. 对核心肌肉的界定 ………………………………………………………… 4
5. 核心训练的作用 …………………………………………………………… 7
6. 核心训练与传统力量训练的区别与联系 ………………………………… 9

### 第一章 徒手静力练习
锻炼部位：斜方肌 ………………………………… 12
锻炼部位：背阔肌 ………………………………… 12
锻炼部位：菱形肌 ………………………………… 13
锻炼部位：肩胛提肌 ……………………………… 13
锻炼部位：竖脊肌 ………………………………… 14
锻炼部位：腰方肌 ………………………………… 14
锻炼部位：肋间肌 ………………………………… 15
锻炼部位：上、下后锯肌 ………………………… 15
锻炼部位：胸大肌、胸小肌 ……………… 16
锻炼部位：前锯肌 ………………………… 16
锻炼部位：肋间肌、胸横肌、膈肌 … 17
锻炼部位：髂腰肌 ………………………… 18
锻炼部位：臀大肌 ………………………… 18

锻炼部位：臀中肌、臀小肌 ········································ 19
锻炼部位：梨状肌、股方肌 ········································ 19
锻炼部位：闭孔内肌、闭孔外肌 ···································· 20
锻炼部位：腰方肌 ··················································· 20
锻炼部位：缝匠肌 ··················································· 21
锻炼部位：股四头肌 ················································ 21
锻炼部位：半腱肌、半膜肌 ········································ 22
锻炼部位：股二头肌 ················································ 22
锻炼部位：耻骨肌 ··················································· 23
锻炼部位：短收肌、长收肌、大收肌、股薄肌 ·················· 24
锻炼部位：阔筋膜张肌 ·············································· 24
锻炼部位：腹外斜肌 ················································ 25
锻炼部位：腹内斜肌、腹横肌 ····································· 26

## 第二章　哈他瑜伽练习

锻炼部位：斜方肌、横突棘肌 ····································· 28
锻炼部位：背阔肌 ··················································· 29
锻炼部位：菱形肌、腰方肌、前锯肌、腹外斜肌 ············· 29
锻炼部位：肩胛提肌、腰方肌 ····································· 30
锻炼部位：竖脊肌 ··················································· 30
锻炼部位：上、下后锯肌、腹内斜肌 ···························· 31
锻炼部位：胸大肌、胸小肌 ············································ 31
锻炼部位：肋间肌、胸横肌、髂腰肌、股四头肌 ········ 32
锻炼部位：臀大肌 ············································· 32
锻炼部位：臀中肌 ············································· 33
锻炼部位：臀小肌 ············································· 33
锻炼部位：梨状肌、闭孔内肌、闭孔外肌 ············· 34
锻炼部位：股方肌 ···································· 34
锻炼部位：缝匠肌 ·········· 35

锻炼部位：半腱肌、半膜肌 ················································· 35
锻炼部位：股二头肌 ······················································· 36
锻炼部位：耻骨肌 ··························································· 36
锻炼部位：短收肌、长收肌、大收肌、股薄肌 ··························· 37
锻炼部位：阔筋膜张肌 ····················································· 37
锻炼部位：腹直肌 ··························································· 38
锻炼部位：腹横肌 ··························································· 38

## 第三章　哑铃瑜伽练习

第1组 ·············································································· 40
第2组 ·············································································· 42
第3组 ·············································································· 43
第4组 ·············································································· 46
第5组 ·············································································· 47
第6组 ·············································································· 49
第7组 ·············································································· 50
第8组 ·············································································· 52
第9组 ·············································································· 53

## 第四章　PNF拉伸练习

1. PNF拉伸菱形肌 ···························································· 56
2. PNF拉伸斜方肌 ···························································· 56
3. PNF拉伸背阔肌 ···························································· 57
4. PNF拉伸肩胛提肌 ························································· 57
5. PNF拉伸胸大肌 ···························································· 58
6. PNF拉伸胸小肌 ···························································· 58
7. PNF拉伸臀大肌 ···························································· 59
8. PNF拉伸腰方肌 ···························································· 60
9. PNF拉伸梨状肌 ···························································· 60
10. PNF拉伸股四头肌 ························································ 61

11. PNF拉伸腹斜肌…… 61
12. PNF拉伸竖脊肌…… 62
13. PNF拉伸前锯肌…… 63
14. PNF拉伸髂腰肌…… 63
15. PNF拉伸腹直肌…… 64
16. PNF拉伸臀中肌、臀小肌…… 64
17. PNF拉伸阔筋膜张肌…… 65
18. PNF拉伸多裂肌…… 65
19. PNF拉伸肋间肌…… 66
20. PNF拉伸半腱肌、半膜肌、肱二头肌…… 66

## 第五章 弹力带练习

1. 背肌练习…… 69
2. 腹肌练习…… 72
3. 胸肌练习…… 75
4. 盆带肌…… 78
5. 大腿肌…… 81

## 第六章 瑞士球徒手练习

锻炼部位：斜方肌…… 86
锻炼部位：背阔肌…… 86
锻炼部位：菱形肌…… 87
锻炼部位：肩胛提肌…… 87
锻炼部位：竖脊肌…… 88
锻炼部位：回旋肌、多裂肌…… 89
锻炼部位：上、下后锯肌…… 89
锻炼部位：胸大肌、胸小肌…… 90
锻炼部位：前锯肌…… 90
锻炼部位：肋间肌、胸横机、膈肌…… 91
锻炼部位：髂腰肌…… 92

锻炼部位：臀大肌、股二头肌 ………………………………… 92
锻炼部位：臀中肌、臀小肌 …………………………………… 93
锻炼部位：梨状肌、闭孔内肌、闭孔外肌 …………………… 93
锻炼部位：股方肌 ……………………………………………… 94
锻炼部位：腰方肌 ……………………………………………… 94
锻炼部位：缝匠肌 ……………………………………………… 95
锻炼部位：股四头肌 …………………………………………… 96
锻炼部位：半腱肌、半膜肌 …………………………………… 96
锻炼部位：耻骨肌、短收肌、大收肌、长收肌、股薄肌 …… 97
锻炼部位：腹直肌 ……………………………………………… 97
锻炼部位：腹外斜肌 …………………………………………… 98
锻炼部位：腹内斜肌、腹横肌 ………………………………… 98

## 第七章 瑞士球上哑铃、沙袋练习

锻炼部位：斜方肌 ……………………………………………… 101
锻炼部位：背阔肌 ……………………………………………… 101
锻炼部位：菱形肌 ……………………………………………… 102
锻炼部位：肩胛提肌 …………………………………………… 102
锻炼部位：竖脊肌 ……………………………………………… 103
锻炼部位：回旋肌、多裂肌 …………………………………… 104
锻炼部位：上、下后锯肌 ……………………………………… 104
锻炼部位：胸大肌、胸小肌 …………………………………… 105
锻炼部位：前锯肌、腹横肌 …………………………………… 105
锻炼部位：髂腰肌 ……………………………………………… 106
锻炼部位：臀大肌、股四头肌、股方肌 ……………………… 107
锻炼部位：臀中肌、臀小肌、半腱肌、半膜肌 ……………… 107
锻炼部位：梨状肌、闭孔内肌、闭孔外肌 …………………… 108
锻炼部位：腰方肌 ……………………………………………… 108
锻炼部位：缝匠肌、阔筋膜张肌 ……………………………… 109

锻炼部位：股二头肌…………………………………………………………… 110
锻炼部位：腹直肌……………………………………………………………… 110
锻炼部位：腹内斜肌…………………………………………………………… 111
锻炼部位：腹外斜肌…………………………………………………………… 111

## 第八章　瑞士球、平衡垫上杠铃练习

锻炼部位：斜方肌、肩胛提肌………………………………………………… 114
锻炼部位：背阔肌……………………………………………………………… 114
锻炼部位：菱形肌……………………………………………………………… 115
锻炼部位：横突棘肌…………………………………………………………… 115
锻炼部位：竖脊肌……………………………………………………………… 116
锻炼部位：上、下后锯肌……………………………………………………… 116
锻炼部位：胸大肌、胸小肌…………………………………………………… 117
锻炼部位：前锯肌……………………………………………………………… 117
锻炼部位：肋间肌、胸横机、膈肌…………………………………………… 118
锻炼部位：髂腰肌……………………………………………………………… 118
锻炼部位：臀大肌……………………………………………………………… 119
锻炼部位：臀中肌、臀小肌、股方肌、闭孔内肌、闭孔外肌、梨状肌… 119
锻炼部位：腰方肌……………………………………………………………… 120
锻炼部位：缝匠肌……………………………………………………………… 121
锻炼部位：股四头肌…………………………………………………………… 121
锻炼部位：股二头肌、半腱肌、半膜肌……………………………………… 122
锻炼部位：耻骨肌、短收肌、大收肌、长收肌、股薄肌…………………… 122
锻炼部位：阔筋膜张肌………………………………………………………… 123
锻炼部位：腹外斜肌、腹内斜肌……………………………………………… 123
锻炼部位：腹横肌……………………………………………………………… 124

## 参考文献

## 1. 核心稳定性与核心力量的起源与发展

核心力量训练起源于核心稳定性的训练。在20世纪80年代，核心稳定性训练最先应用于欧美等国的运动康复领域，主要针对一些下腰痛（LBP）病人进行治疗，取得了良好的绩效。之后，竞技运动训练领域的专家将核心稳定性引入了运动员的训练中，经过一些训练方式的改变与调整，逐渐适应了运动训练所要求的一些特点，逐渐形成了核心力量的训练方法与手段。

随着现代运动链（kinetic chain）理论的推广与发展，也促进了核心稳定性与核心力量的发展。运动链又称为关节运动链，在运动训练或者物理治疗与康复中，人体活动被看作几个相互连接部分所产生的共同结果，如肩关节、脊柱、髋关节等。支持这一定义的理论为：身体每一部分的活动通过链式的相互作用而影响身体其他部分的作用。运动链理论强调人的运动方式大体分为两种：一是开链练习，指肢体的近端相对固定而远端相对运动的形式，肢体远端的活动范围与速度均大于身体近端；二是闭链练习，指肢体的远端相对固定而近端相对运动的形式，闭链练习是将开链练习的旋转运动转变成线性运动，对各个关节所产生的切力较小，较适合功能性的康复训练或者一些身体稳定性训练。这一理论的发展所带来的启示就是人们更好地将人体的核心部位看作一刚体，这一刚体为人体的运动提供稳定性与力量，由这一刚体所产生的稳定性作为基础，所产生的能量更好地向人体远端传输。

## 2. 核心力量与核心稳定性的定义

核心力量与核心稳定性这两个概念是从国外引进来的，自从核心力量与核心稳定性引到我国以来,起初只是单纯去给核心力量与核心稳定性下定义,之所以造成对两者定义理解的不同,主要是因为没有区分两者的应用领域,也就是说,核心稳定性与核心力量在运动康复领域与运动训练领域的定义是不同的。Panjabi将核心稳定性在康复领域定义为:在日常生活中,被动脊椎骨、脊柱的主动肌和神经控制单元,三者共同结合起来使脊椎间的运动维持在一个比较安全的范围之内。Kibler主要从运动训练领域给出了核心稳定性的定义,即核心稳定性是指通过骨盆来控制躯干的姿势和运动来使能量的产生、传递、控制以及身体终端的运动达到最优化的一种能力。Akuthota和Nadler将核心力量在康复领域定义为,腰椎周围的肌肉所需要维持功能性稳定的能力。Lehman将核心力量在运动训练领域定义为,由一块肌肉或肌肉群所发挥的最大力量来产生特定速度的能力。从以上学者的观点可以看出,核心力量与核心稳定性两者不论从本身的内涵,还是应用领域都存在着本质的不同。核心稳定性在康复领域主要还是针对病人,特别是下腰痛病人所能完成日常生活中必要的一些活动,比如行走、爬楼梯等。而核心稳定性在运动训练领域则主要强调人体的稳定状态是运动的基础,是能量产生达到最佳化的支撑。核心力量在康复领域强调肌肉拉力的重要性,而在训练领域则强调肌肉产生爆发力的能力和达到特定速度的能力。所以在进行核心训练时,一定要明确进行的是核心力量还是核心稳定性训练,是应用于竞技运动训练还是应用于康复领域的训练。

  Faries和Greenwood则把核心力量与核心稳定性在康复领域的定义区分开来,他指出,核心稳定性是指在脊柱周围肌肉活动时,使脊柱稳定的能力;核心力量主要指通过肌肉收缩和增加腹内压来产生力量的能力。

### 3.核心的范围

在我们探讨人体核心的范围时,主要从解剖学的角度来界定。国外有的学者从宏观解剖学角度将人体核心比喻为一个帐篷或是一个汽缸,这个帐篷或汽缸的前部是腹肌,后部是背肌和臀大肌,下部是骨盆和髋关节,上部是横膈膜(膈肌)。这种核心解剖学的界定主要是由于研究领域的不同造成的,在运动训练领域国外的学者将核心界定为从胸骨或肩关节到大腿上部,这一整个部分都称之为核心。所以当人们在认识核心部位时,首先要根据自己的研究领域,其次,根据自己所从事或研究的运动项目,因为核心还没有一个明确的范围。

### 4.对核心肌肉的界定

根据核心的范围,我们也就可以从两个领域对核心肌肉从一个较宽泛的范围进行解剖学微观层面上的分析,即核心肌肉在运动训练领域和康复领域各应该包括哪些?在进行核心肌肉的界定时,不仅仅包括身体表层的一些大块肌肉群,还包括深层次的一些小肌群。

通过对国外一些关于核心力量训练网站的搜索以及参照国内关于核心力量训练的资料以后,各研究人员主要给出了以下两个范围(表1和表2)。

表1 人体核心范围的肌肉①

| 核心部位的肌肉名称 |
| --- |
| 腹肌：腹直肌，腹横肌，腹内斜肌，腹外斜肌 |
| 髋关节肌：髂腰肌，腹直肌，缝匠肌，阔筋膜张肌，耻骨肌，臀大肌，臀中肌，臀小肌，半腱肌，半膜肌，股二头肌，短收肌，长收肌，大收肌，双孖肌，闭孔内肌和闭孔外肌，股方肌，梨状肌 |
| 脊柱肌：竖脊肌 腰方肌 旁脊肌 斜方肌 腰大肌 多裂肌 腰髂肋肌和胸肌 回旋肌 背阔肌 前锯肌 |

改编自http://www.sport-fitness-advisor.com/core-strength-training.html corestrength training。

表2 人体核心范围的肌肉②

| 肌群 | 核心部位的肌肉名称 |
| --- | --- |
| 盆带肌 | 髂肌，腰大肌，梨状肌，臀大肌，臀中肌，臀小肌，闭孔内肌，闭孔外肌 |
| 大腿肌 | 股直肌，缝匠肌，阔筋膜张肌，股二头肌（长头）半腱肌，半膜肌，耻骨肌，长收肌，短收肌，大收肌，股薄肌 |
| 背肌 | 回旋肌，多裂肌，棘间肌，横突间肌，背阔肌，下后踞肌，竖脊肌（棘肌、最长肌、髂肋肌） |
| 腹肌 | 腹内斜肌，腹横肌，腰方肌，腹直肌，腹外斜肌 |
| 膈肌 | 膈肌 |

改编自论核心力量及其在竞技体育中的训练—起源、问题、发展，黎涌明、于洪军等。

根据国内外学者对运动训练领域核心范围的界定，笔者认为处于人体核心部位的骨主要是脊柱、胸廓骨、髋骨以及股骨，脊柱包括颈椎、胸椎、腰椎、骶骨和尾骨，胸廓骨包括胸骨和肋。两块髋骨与一块骶骨、一块尾骨以及连接它们的关节、韧带和软骨共同构成了骨盆。因为这些骨在身体运动过程中起着稳固支撑的作用，正处于人体的中轴部位，所以这也就决定了附着在它上面的肌群(包括起始点在这些骨上)都称为核心肌群。大体的核心肌群应该如表3和图1～图5所示。

表3 人体核心范围的肌肉

| 肌群 | 核心部位的肌肉名称 |
| --- | --- |
| 背肌 | 斜方肌,背阔肌,菱形肌,肩胛提肌,竖脊肌(髂肋肌、最长肌、棘肌),腰方肌,回旋肌,多裂肌,横突间肌,上下后锯肌 |
| 胸肌 | 胸大肌,胸小肌,前锯肌,锁骨下肌,肋间肌(肋间内肌、肋间外肌),胸横肌,膈肌 |
| 盆带肌 | 髂腰肌(腰大肌、髂肌),臀大肌,臀小肌,臀中肌,梨状肌,闭孔内肌,闭孔外肌,股方肌 |
| 大腿肌 | 缝匠肌,股四头肌(股直肌、股中肌、股内肌、股外肌),半腱肌,半膜肌,股二头肌,耻骨肌,短收肌,长收肌,大收肌,股薄肌,阔筋膜张肌 |
| 腹肌 | 腹直肌,腹外斜肌,腹内斜肌,腹横肌 |

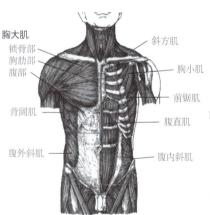

图1 胸腹浅层肌

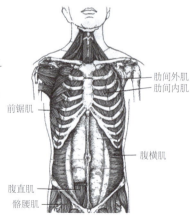

图2 胸腹深层肌

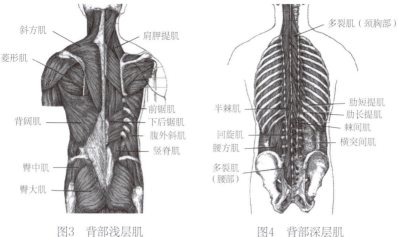

图3 背部浅层肌    图4 背部深层肌

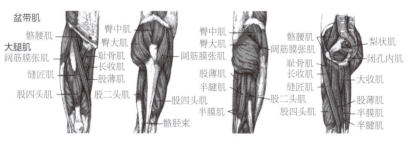

图5 大腿及骨盆肌

## 5.核心训练的作用

（1）核心训练可以增强核心部位的稳定性：核心训练的最主要作用就是可以增强核心部位肌群发力的稳定性。陈小平教授认为，核心稳定性是指在运动中控制骨盆和躯干部位肌肉的稳定姿态，为上下肢运动创造支点，并协调上下肢用力，使力量的产生、传递和控制达到最佳化。核心稳定性训练可以提高身体在运动过程中的稳定性和控制力，从而为身体更好地发力创造有利条件。传统力量训练法一般在固定身体姿势的条件下进行训练，与实际运动轨迹不符。同时，核心力量训练强调深层次小肌群的训练，这对于稳定核心骨具有重要的实际意义。

（2）核心训练可以使核心部位的力量更好地向四肢传递：这一作用符合现在"运动链"的观点，即人体在运动过程中，身体的每个环节都是运动链中的一个环，每个环节都对力和能量的传输起到巨大作用。特别是人体核心部位由于拥有强大的肌肉群，更在这条链中起到了核心环节的作用。例如，短跑运动是在上肢和下肢的协调用力下完成的，而在跑动过程中，核心部位对力的传输起到了承上启下的作用。所以核心力量的增强可以帮助四肢更好地完成运动。

（3）核心训练可以预防运动中的损伤：核心力量训练的最初阶段是采用等长训练的方法，等长训练法的优点是肌肉能够承受运动负荷量较大，是发展最大肌肉力量的常用方法。此外，等长练习时神经细胞对血管的压力增大，影响肌肉的血液和氧气供应，从而对肌肉无氧代谢能力的提高、肌红蛋白含量的增加和肌肉毛细血管的增生均有良好的影响。同时对肌膜的增厚，以及抗张强度的增强均有良好的作用。核心力量训练强调深部小肌群的训练，这也就弥补了传统训练由于注重浅层大块肌肉的训练而容易导致深部肌群力量不足容易受伤的缺陷。

（4）核心训练可以支持运动技术更好发展：在众多诸如游泳、皮划艇、赛艇等水上的竞技运动项目以及跨栏、标枪等田径项目中除了对体能素质要求较高以外，是否具有良好的专项技术也是制约能否取得优异运动成绩的关键因素，而良好的专项技术的形成与提高主要取决于核心稳定力量的改善,两者密切联系。孙海平教练在谈及刘翔的技术时,也主要强调了由于他具有良好的核心肌群力量,为良好的技术和优异的运动成绩打下了基础。

## 6.核心训练与传统力量训练的区别与联系

核心训练与传统力量训练的区别主要存在于以下4点:

(1)训练理念不同:核心训练包括核心稳定性训练与核心力量训练,与传统力量训练相比,核心训练增加了人体运动中的不稳定这一因素,强调增强人体核心稳定性是力量训练的基础。

(2)训练部位不同:核心训练重视人体核心部位在运动中的作用与意义,强调核心部位所具有的强大肌群是完成任何运动的基础,与传统力量训练只注重四肢力量不同的是,核心训练不仅强调体表大块肌肉群力量训练,更重要的是强调人体深层次小块肌肉的训练。

(3)训练方法、手段不同:传统力量训练最主要的特点是在训练的过程中身体重心处于相对稳定的状态,而在我们实际运动过程中,大都处于不稳定的状态,容易导致在平时所训练增加的力量丢失。在核心训练中采用了瑞士球、平衡板等训练器材,更好弥补了这一缺陷。

(4)训练效果不同:在传统力量训练中由于缺少静力性练习,动力性、大强度训练占有主导地位,容易造成关节与肌肉损伤,而核心训练的基础阶段主要采用静力性练习,可以很好地增强肌肉及关节的抗张能力以及核心稳定性,为以后的力量训练做好了基础性准备。

核心训练是力量训练系统中的一个组成部分,与传统力量训练相同,它本身也存在着缺点与不足。核心训练与传统训练优势互补,要同时注重核心部位稳定性力量与四肢力量的同步发展,要注重抗阻与核心稳定性,动力性与静力性力量同步训练,才能对力量训练起到较好的效果。

## 锻炼部位：斜方肌

- **练习手段：** 耸肩练习，如图1-1。
- **练习方法：** 练习者两脚开立与肩同宽，两手叉腰，上体保持正直，向上做耸肩动作。
- **练习组数：** 训练3组，每组20秒。
- **注意事项：** 体会斜方肌用力。

图1-1

## 锻炼部位：背阔肌

- **练习手段：** 跪地直背支撑，如图1-2。
- **练习方法：** 练习者两膝弯曲跪于地面，两手撑地约与肩同宽，抬头背部挺直。
- **练习组数：** 训练3组，每组20秒。
- **注意事项：** 背部挺直。

图1-2

## 锻炼部位：菱形肌

- **练习手段**：两臂平举前伸，如图1-3。
- **练习方法**：练习者两脚开立与肩同宽，两臂伸直与肩同高，用力前伸。
- **练习组数**：训练3组，每组20秒。
- **注意事项**：两臂用力前伸，脚跟保持与地面接触。

图1-3

## 锻炼部位：肩胛提肌

- **练习手段**：头颈侧屈，如图1-4。
- **练习方法**：练习者两脚开立与肩同宽，两手叉腰，上体保持正直，头颈同时向一侧屈。
- **练习组数**：训练3组，每组20秒。左右交替进行。
- **注意事项**：侧屈时，体会肩胛提肌用力。

图1-4

## 锻炼部位：竖脊肌

- **练习手段：** 跪地弓背支撑，如图1-5。
- **练习方法：** 练习者两膝开立与肩同宽跪于地面，两手撑地与肩同宽，用力向下低头，背部呈弓形。
- **练习组数：** 训练3组，每组20秒。
- **注意事项：** 体会弓背时，背部的用力感觉。

图1-5

## 锻炼部位：腰方肌

- **练习手段：** 俯身侧转腰，如图1-6。
- **练习方法：** 练习者两脚开立约与肩同宽，两手叉腰，俯身与地面平行，向一侧转动45°，保持此姿势。左右交替进行。
- **练习组数：** 训练3组，每组20秒。
- **注意事项：** 两腿伸直，腰部紧张。

图1-6

## 锻炼部位：肋间肌

- **练习手段**：坐位体前屈，如图1-7。
- **练习方法**：练习者两腿伸直并拢坐于地面，两手臂用力前伸。
- **练习组数**：训练3组，每组20秒。
- **注意事项**：手臂伸直，体会背部用力。

图1-7

## 锻炼部位：上、下后锯肌

- **练习手段**：上体转身，如图1-8。
- **练习方法**：练习者两脚开立与肩同宽，两臂侧平举与肩同高，一侧手臂伸直随上体转动向另一侧靠拢，保持靠拢姿势。
- **练习组数**：训练3组，每组20秒。左右交替进行。
- **注意事项**：腰部以下正对前方，不做转动姿势。

图1-8

## 锻炼部位：胸大肌、胸小肌

- **练习手段**：俯卧撑下，如图1-9。
- **练习方法**：练习者两大臂向外展开，肘关节弯曲，两腿并拢，两手与脚尖撑地，俯卧撑下姿势。
- **练习组数**：训练3组，每组20秒。
- **注意事项**：身体绷紧，始终与地面保持平行。

图1-9

## 锻炼部位：前锯肌

- **练习手段**：两臂上举，如图1-10。
- **练习方法**：两脚开立与肩同宽，两臂伸直上举，上体挺直。
- **练习方法**：训练3组，每组20秒。
- **注意事项**：两臂伸直用力上举。

图1-10

## 锻炼部位：
## 肋间肌、胸横肌、膈肌

- **练习手段**：深吸气，如图1-11；深呼气，如图1-12。
- **练习方法**：练习者两脚开立与肩同宽，两手叉腰，目视前方，深吸气，深呼气。
- **练习组数**：训练3组，每组20次。
- **注意事项**：初学者应有节奏地缓慢进行，随水平的提高，可加快节奏。

图1-11

图1-12

## 锻炼部位：髂腰肌

- **练习手段：** 仰卧两头起，如图1-13。
- **练习方法：** 仰卧于地面，两腿伸直并拢，两臂伸直放于头两侧，两臂与两腿同时抬起。
- **练习组数：** 训练3组，每组20秒。
- **注意事项：** 腹、背、胸收紧。

图1-13

## 锻炼部位：臀大肌

- **练习手段：** 屈膝半蹲，如图1-14。
- **练习方法：** 练习者两脚开立与肩同宽，两手叉腰，保持腰部挺直，两眼目视前方，保持屈膝半蹲姿势。
- **练习组数：** 训练3组，每组20秒。
- **注意事项：** 体会臀部肌肉被拉伸。

图1-14

## 锻炼部位：臀中肌、臀小肌

- **练习手段**：侧摆腿，如图1-15。
- **练习方法**：练习者两臂侧平举站立，腰、背、腹收紧，一侧腿伸直向另一侧摆，保持此姿势。左右交替进行。
- **练习组数**：训练3组，每组20秒。
- **注意事项**：上体保持正直，髋部保持中立。

图1-15

## 锻炼部位：梨状肌、股方肌

- **练习手段**：大腿外展，如图1-16。
- **练习方法**：练习者两腿并拢站立，两手叉腰，身体保持正直，一侧腿伸直向外摆，保持此姿势。左右交替进行。
- **练习组数**：训练3组，每组20秒。
- **注意事项**：腰、腹收紧，大小腿伸直。

图1-16

## 锻炼部位：闭孔内肌、闭孔外肌

- **练习手段：** 向前踢腿，如图1-17。
- **练习方法：** 练习者两腿并拢站立，两手叉腰，身体保持正直，一侧腿伸直向前踢腿，保持此姿势。左右交替进行。
- **练习组数：** 训练3组，每组20秒。
- **注意事项：** 大小腿伸直，体会臀部发力。

图1-17

## 锻炼部位：腰方肌

- **练习手段：** 体侧练习，如图1-18。
- **练习方法：** 练习者两脚开立与肩同宽，两手叉腰，一侧手臂伸直上举向另一侧下压。左右交替进行。
- **练习组数：** 训练3组，每组20秒。
- **注意事项：** 体会髋部向一侧用力，腰部被拉伸。

图1-18

## 锻炼部位：缝匠肌

- **练习手段**：仰卧起交叉腿，如图1-19。
- **练习方法**：练习者仰卧于地面，上体抬起的同时，一侧腿向另一侧腿交叉。左右交替进行。
- **练习组数**：训练3组，每组20秒。
- **注意事项**：在进行两腿交叉的同时，大小腿始终保持伸直。

图1-19

## 锻炼部位：股四头肌

- **练习手段**：坐立屈腿，如图1-20。
- **练习方法**：练习者两手撑地坐于地面，两腿屈膝收于体前，保持此姿势。
- **练习组数**：训练3组，每组20秒。
- **注意事项**：胸、腹、背、大小腿收紧。

图1-20

## 锻炼部位：半腱肌、半膜肌

- **练习手段：** 正压腿，如图1-21。
- **练习方法：** 练习者两腿伸直并拢坐于地面，背部收紧，上体前压，两手抓脚尖，膝关节伸直。
- **练习组数：** 训练3组，每组20秒。
- **注意事项：** 体会半腱肌、半膜肌被拉伸。

图1-21

## 锻炼部位：股二头肌

- **练习手段：** 俯卧支撑下腰，如图1-22。
- **练习方法：** 练习者两腿伸直并拢，两臂伸直约与肩宽支撑于地面，下腰，保持此姿势。
- **练习组数：** 训练3组，每组20秒。
- **注意事项：** 两腿伸直收紧，体会股二头肌用力。

图1-22

## 锻炼部位：耻骨肌

- **练习手段：** 仰卧起扶膝坐，如图1-23。
- **练习方法：** 练习者两腿屈膝仰卧于地面，两臂伸直扶膝与上体同时起，保持此姿势。
- **练习组数：** 训练3组，每组20秒。
- **注意事项：** 胸、背、腹收紧。

图1-23

## 锻炼部位：
## 短收肌、长收肌、大收肌、股薄肌

- **练习手段**：俯卧内收腿伸臂，如图1-24。
- **练习方法**：练习者一侧手臂与另一侧腿支撑于地面；另一侧手臂前伸，腿保持与上体平行。左右交替进行。
- **练习组数**：训练3组，每组20秒。
- **注意事项**：抬起腿保持与身体同一高度，胸、腹收紧。

图1-24

## 锻炼部位：阔筋膜张肌

- **练习手段**：仰卧起前伸臂，如图1-25。
- **练习方法**：练习者两腿屈膝并拢仰卧于地面，两臂伸直随上体抬起而前伸。
- **练习组数**：训练3组，每组20秒。
- **注意事项**：腰、腹收紧，两臂伸直尽力前伸。

图1-25

## 锻炼部位：腹外斜肌

- **练习手段：** 侧卧手支撑臂上举，如图1-26。
- **练习方法：** 练习者一侧臂伸直支撑于地面，两腿并拢，胸、腰、腹收紧，另一侧臂伸直上举，保持此姿势。左右交替进行。
- **练习组数：** 训练3组，每组20秒。
- **注意事项：** 上举的臂尽力向上伸。

图1-26

## 锻炼部位：腹内斜肌、腹横肌

- **练习手段：** 体侧运动，如图 1-27。
- **练习方法：** 练习者两脚开立与肩同宽，一侧手叉腰，另一侧手臂伸直上举，随上体转动而内旋，保持此姿势。左右交替进行。
- **练习组数：** 训练 3 组，每组 10 秒。
- **注意事项：** 胸、背、腹收紧，髋关节保持中立。

图1-27

# 第二章

# 哈他瑜伽练习

## 锻炼部位：斜方肌、横突棘肌

- **练习手段：** 上轮式，如图2-1。
- **练习方法：**

（1）上轮式要求身体仰卧，两手置于身体两侧，掌心向下。

（2）屈膝，将双脚收回，脚跟紧贴大腿背面，两脚底平放在地面上，将双手举起，移到头部两侧，掌心向下。

（3）深吸气，拱起背部，让腹部与髋部离开地面，双手、双腿同时向下用劲，头部放松，向地面低垂。

（4）最后保持此姿势，均匀呼吸，慢慢弯曲双肘，先把头部轻轻地放到地面上，接着背部着地直至整个身体着地，伸直双腿，收回双手，恢复到起始姿势。

- **练习组数：** 训练3组，每组20秒。
- **注意事项：** 体会背部用力。

图2-1

## 锻炼部位：背阔肌

- **练习手段**：下犬式，如图2-2。
- **练习方法**：跪立开始，双手放在地上，抬高臀部；吸气，伸直双腿，尽可能地伸直手臂，保持手掌压在地上，呼气时脚跟和肩膀下压，脚跟尽量踩到地板上，注意保持背部伸直。
- **练习组数**：训练3组，每组20秒。
- **注意事项**：两腿与背伸直，体会背部用力。

图2-2

## 锻炼部位：菱形肌、腰方肌、前锯肌、腹外斜肌

- **练习手段**：三角伸展式，如图2-3。
- **练习方法**：两脚开立约2倍肩宽，两臂水平伸直，身体向左侧弯曲，左手置于脚踝处，右手上举。左右交替进行。
- **练习组数**：训练3组，每组20秒。
- **注意事项**：两腿伸直，背部收紧。

图2-3

## 锻炼部位：肩胛提肌、腰方肌

- **练习手段**：上犬式，如图2-4。
- **练习方法**：俯卧在地面上，双腿左右分开与肩同宽，双腿和臀部肌肉收紧，双臂伸直支撑于地面。呼气时，小腹微微向内收。吸气时，依次抬起头、胸、腰，再用手臂的力量支撑身体，让髋部离地。
- **练习组数**：训练3组，每组20秒。
- **注意事项**：体会颈部发力。

图2-4

## 锻炼部位：竖脊肌

- **练习手段**：龟式，如图2-5。
- **练习方法**：双腿打开，身体坐直，上身前倾，两臂伸直手掌打开，撑于两膝下，在吸气的时候带动颈椎，下巴上扬，呼气的时候，下巴靠近胸部。
- **练习组数**：训练3组，每组20秒。
- **注意事项**：体会背部用力。

图2-5

## 锻炼部位：上、下后锯肌、腹内斜肌

- **练习手段**：扭转三角式，如图2-6。
- **练习方法**：两脚开立约1.5倍肩宽，上体向侧前方前倾与地面平行，一侧手臂伸直放于脚尖处，另一侧手臂伸直上举。左右交替进行。
- **练习组数**：训练3组，每组20秒。
- **注意事项**：一侧臂用力上举，体会背部扭转。

图2-6

## 锻炼部位：胸大肌、胸小肌

- **练习手段**：四柱支撑式，如图2-7。
- **练习方法**：俯卧，两腿并拢，两臂弯曲成90°，支撑于地面，胸、腹、腰、腿收紧。
- **练习组数**：训练3组，每组20秒。
- **注意事项**：身体保持在一条直线上。

图2-7

## 锻炼部位：肋间肌、胸横肌、髂腰肌、股四头肌

- **练习手段**：骆驼式，如图2-8。
- **练习方法**：两腿约与肩宽，弯曲跪于地面，上体后仰，两臂伸直，放于脚跟处。
- **练习组数**：训练3组，每组20秒。
- **注意事项**：上体后仰时速度要慢，体会胸部、髋部被拉伸。

图2-8

## 锻炼部位：臀大肌

- **练习手段**：反板式，如图2-9。
- **练习方法**：仰卧，两腿并拢，两臂伸直与肩同宽支撑于地面，髋关节稍向上顶。
- **练习组数**：训练3组，每组20秒。
- **注意事项**：臀部收紧。

图2-9

## 锻炼部位：臀中肌

- **练习手段**：马里琪Ⅳ，如图2-10。
- **练习方法**：坐于地面，上体保持直立，一侧大小腿折叠外展放于体前，另一侧大小腿折叠直立于体前，身体向一侧转动，两臂交叉抱于立腿膝关节处。
- **练习组数**：训练3组，每组20秒。
- **注意事项**：大小腿充分折叠，体会臀部被拉伸。

图2-10

## 锻炼部位：臀小肌

- **练习手段**：马面式，如图2-11。
- **练习方法**：坐于地面，左腿弯曲放于体前，右腿大小腿折叠，脚放于左小腿上，两腿支撑于身体，两臂交叉放于体前。左右交替进行。
- **练习组数**：训练3组，每组20秒。
- **注意事项**：大小腿折叠充分，体会髋关节用力。

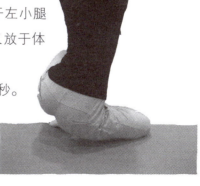

图2-11

## 锻炼部位：梨状肌、闭孔内肌、闭孔外肌

- **练习手段**：莲花坐，如图2-12。
- **练习方法**：坐于地面，上体保持正直，两腿弯曲，两小腿交叉置于体前，两脚置于异侧大腿上，两臂伸直置于膝关节处。
- **练习组数**：训练3组，每组20秒。
- **注意事项**：两腿交叉收紧。

图2-12

## 锻炼部位：股方肌

- **练习手段**：手抓大脚趾式，如图2-13。
- **练习方法**：两腿伸直并拢，两手叉腰，一侧腿向体侧抬起，同侧手臂抓于抬起腿的脚尖。上体保持正直。左右交替进行。
- **练习组数**：训练3组，每组20秒。
- **注意事项**：体会股方肌被拉伸。

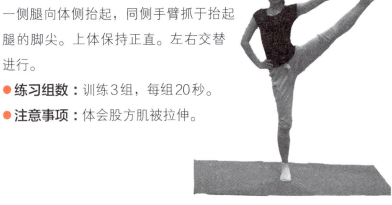

图2-13

## 锻炼部位：缝匠肌

- **练习手段**：支撑莲花坐，如图2-14。
- **练习方法**：莲花坐姿势后，双臂伸直将身体支撑起来。
- **练习组数**：训练3组，每组20秒。
- **注意事项**：上体挺直，大小腿收紧。

图2-14

## 锻炼部位：半腱肌、半膜肌

- **练习手段**：马里琪I，如图2-15。
- **练习方法**：一腿伸直置于体前，另一腿折叠置于体侧，腿伸直侧手臂置于体后，另一侧手臂置于同侧腿膝关节处，上体前倾。左右腿交替进行。
- **练习组数**：训练3组，每组20秒。
- **注意事项**：体后股后肌群被拉伸。

图2-15

## 锻炼部位：股二头肌

- **练习手段：** 马里琪Ⅲ，如图2-16。
- **练习方法：** 一侧腿屈膝，另一侧腿伸直置于体前，双手抱紧屈膝腿，身体向一侧扭转。左右交替进行。
- **练习组数：** 训练3组，每组20秒。
- **注意事项：** 屈膝腿大小腿收紧。

图2-16

## 锻炼部位：耻骨肌

- **练习手段：** 束角式，如图2-17。
- **练习方法：** 坐于地面，两腿屈膝脚对脚，大小腿折叠收紧，上体保持正直。
- **练习组数：** 训练3组，每组20秒。
- **注意事项：** 两腿充分打开，尽量紧贴地面。

图2-17

## 锻炼部位：短收肌、长收肌、大收肌、股薄肌

- **练习手段**：侧起重机，如图2-18。
- **练习方法**：两腿弯曲收紧，紧贴腹部，两臂约与肩宽伸直撑地。左右交替进行。
- **练习组数**：训练3组，每组20秒。
- **注意事项**：团身收紧胸、腹、腿。

图2-18

## 锻炼部位：阔筋膜张肌

- **练习手段**：半月式，如图2-19。
- **练习方法**：一侧腿与一侧臂伸直侧支撑于地面，另一侧腿平举、手臂伸直上举。左右交替进行。
- **练习组数**：训练3组，每组20秒。
- **注意事项**：胸、腹、腰收紧。

图2-19

## 锻炼部位：腹直肌

- **练习手段：** 双角式，如图2-20。
- **练习方法：** 双脚开立约两倍肩宽，下腰，头触地，两臂放于头两侧。
- **练习组数：** 训练3组，每组20秒。
- **注意事项：** 腹部收紧。

图2-20

## 锻炼部位：腹横肌

- **练习手段：** 船式，如图2-21。
- **练习方法：** 两腿伸直并拢与上体同时起，使身体呈"V"字形，两臂伸直前伸，腹部收紧，保持此姿势。
- **练习组数：** 训练3组，每组20秒。
- **注意事项：** 体会腹部用力。

图2-21

# 第三章

## 哑铃瑜伽练习

**预备式:**

站立在瑜伽垫上,双臂自然垂于身体两侧,双手各持一个哑铃,向下向后放松肩膀,站稳。同时,集中注意力于核心区域,使核心区域肌肉紧张,如图3-1。

图3-1

## 第1组

主要锻炼部位:胸大肌、前锯肌、背阔肌、菱形肌、斜方肌。

● 锻炼方法:

图3-1-1

图3-1-2

图3-1-1起始位,注意腿部核心区肌肉保持紧张。

图3-1-2吸气,双臂弯曲置于体前,保持与肩同高。

图3-1-3　　　　　　　　图3-1-4

图3-1-3向正前方平推哑铃,哑铃头保持并拢。

图3-1-4呼气,向胸部拉回哑铃,哑铃位于胸大肌下侧,哑铃头保持并拢。

图3-1-5　　　　　　　　图3-1-6

图3-1-5 吸气,肩部高位推举。

图3-1-6 呼气,从头上部向下经体侧拉哑铃至大腿处。

组图动作完成后,回到预备式。

● **注意事项:**

- 注意呼吸保持均匀。
- 动作要求迟缓、匀速。

## 第2组

**主要锻炼部位:背阔肌、菱形肌、斜方肌、肩胛提肌、三角肌、臀大肌、臀中肌、臀小肌、股四头肌、腘绳肌。**

● **锻炼方法:**

图3-2-1　　　　图3-2-2　　　　图3-2-3

图3-2-1 起始位,双脚并拢,双膝弯曲,大腿与地面接近平行,背部伸展,躯干与瑜伽垫保持45°,两臂伸直,两手握哑铃于膝关节处。

图3-2-2 吸气,将右侧哑铃上提至髋部,注意肘部要高于背部;呼气,回右侧哑铃至起始位。

图3-2-3 左侧哑铃,重复 图3-2-2的动作。

● 注意事项：

- 膝关节不要超过脚尖，以免损伤关节。
- 上提哑铃时要挺直躯干，保持身体平衡。

## 第3组

**主要锻炼部位**：背阔肌、菱形肌、斜方肌、胸大肌、前锯肌、股四头肌、股直肌、股外侧肌、缝匠肌。

● 锻炼方法：

图3-3-1　　　　图3-3-2　　　　图3-3-3

图3-3-1 起始位，右脚站在瑜伽垫上，站稳，慢慢提起左腿，左膝向外弯曲，左脚脚掌踩在右大腿内侧，双臂弯曲握哑铃于胸前，哑铃头并拢，掌心向内。

图3-3-2 吸气，两手握紧哑铃，同时两臂伸直经体侧向上伸展至头顶上方，双臂伸直。

图3-3-3 呼气，双手分别从两侧向下移动至耳部外侧，掌心向内。

图3-3-4　　　　　　图3-3-5　　　　　　　图3-3-6

图3-3-4 吸气，肘部后拉至体后，双手紧握哑铃，向下移动至胸部两侧，掌心向上。

图3-3-5 吸气，右手握哑铃保持不动，左手向正前方平推哑铃，左臂保持与肩同高，掌心向上。

图3-3-6 呼气，双手紧握哑铃，向外侧平举。

图3-3-7　　　　　　图3-3-8

图3-3-7吸气,右臂伸直向前平推哑铃至身体前方,双臂都要伸展,保持与肩同高。

图3-3-8呼气,回到图3-3-1的位置。

图3-3-9　　　　　　图3-3-10

图3-3-9吸气,右手紧握哑铃自然下垂,掌心向内扣至大腿,左臂伸直向上伸展。

图3-3-10呼气,左臂向前侧下拉哑铃,直至大腿处,保持手臂直立。左右腿交替进行。

● **注意事项:**

・脚部要保持受力均匀。

・在进行训练时,要使右腿与核心区用力,躯干、臀部、肩膀摆正。

# 第4组

**主要锻炼部位**：腹外斜肌、腹内斜肌、腹横肌、竖直肌、大收肌、短收肌、长收肌、耻骨肌、股薄肌、股方肌、闭孔内肌、闭孔外肌。

● **锻炼方法**：

图3-4-1

图3-4-2

图3-4-1吸气，躯干向左弯至左腿上方，收缩左腹斜肌，左手臂伸直握哑铃于左腿膝关节外侧，同时将右侧哑铃举起至右肩上方。

图3-4-2呼气，左手向下移动，移至左侧脚跟外侧，触碰至瑜伽垫上。

组图动作完成后，向右弯曲换另一侧，重复组图动作。

● **注意事项**：

初级训练者要依据自身柔韧度，酌情练习。

## 第5组

**主要锻炼部位**：臀大肌、臀中肌、腘绳肌、股四头肌、背阔肌、斜方肌、胸大肌、腹斜肌。

● 锻炼方法：

图3-5-1

图3-5-1起始位，左脚向前迈出一步，弯曲左膝，使左大腿与瑜伽垫平行，右腿用力、伸直。两手放低两个哑铃至左脚两侧的瑜伽垫上，与肩同宽。右脚脚跟抬离瑜伽垫，脚趾指向前方。

图3-5-2

图3-5-2吸气，向上提举右侧哑铃至腋窝，使其高于背部。

图3-5-3

图3-5-3 呼气，下压右侧哑铃至起始位（也可将左膝跪于瑜伽垫上）。

图3-5-4　　　　图3-5-5

图3-5-4和图3-5-5 吸气，向右侧转动躯干，向后弯曲右肘。保持头部正直，呼气，向前转动躯干，然后，向左侧转动躯干。

图3-5-6　　　　图3-5-7

图3-5-6双手各握一个哑铃，置于左大腿上，挺直躯干，左膝弯曲，与左脚呈90°角，左大腿与地面平行。双臂位于腰部前方，将哑铃交叉握于手中。

图3-5-7吸气，沿着身体前方的中线，向上提举哑铃，到头顶位置时，向后拉伸双臂。呼气，沿着身体的中线，从头顶将哑铃向下拉回。手臂在运动的过程中要持续保持伸直的状态。左右交替进行。

● **注意事项：**

保持核心部位肌群收紧。

## 第6组

**主要锻炼部位：耻骨肌、长收肌、大收肌、短收肌、股薄肌、股直肌、股中肌、股外侧肌、股内侧肌。**

● **锻炼方法：**

图3-6-1　　　　图3-6-2

图3-6-1吸气，向前伸直左小腿，左脚向上回勾，使脚趾朝上。呼气放松，持续5～10秒。

图3-6-2吸气,向后侧弯曲左小腿,脚尖绷直,指向瑜伽垫。呼吸放松,持续5～10秒。注意换另一侧,重复组图训练。

● 注意事项:

保持髋关节中立。

# 第7组

主要锻炼部位:阔筋膜张肌、缝匠肌、臀大肌、臀中肌、臀小肌、股方肌、闭孔内肌、闭孔外肌、背阔肌、斜方肌、菱形肌、胸大肌。

● 锻炼方法:

图3-7-1　　　图3-7-2

图3-7-1弯曲左膝,右脚脚跟向下滑至左膝外侧,右腿放在左腿上。右脚向后继续伸展,直至脚趾勾住左脚脚踝。同时重心向下坐,充分锻炼臀大肌与左腿。躯干保持直立,臀部摆正,核心区域肌肉用力。两手握哑铃于胸前,使哑铃头并拢。

图3-7-2呼气,将右侧哑铃提至前额处,左侧哑铃拉至头一侧。在整个过程中,保持横轴,而且前臂与瑜伽垫垂直。动作完成后,交换另一侧手臂。

图3-7-3　　　　图3-7-4

图3-7-3吸气，掌心向下，将两侧手臂回收至胸部两侧。

图3-7-4呼气，向前平举两个哑铃，保持哑铃处在与肩同高的位置。

图3-7-5　　　　图3-7-6

图3-7-5和图3-7-6吸气，回拉左侧哑铃至胸侧。左肘用力后拉，右手掌心向下。呼气，换另一侧重复右拉。

组图动作完成后，注意换另一侧腿重复组图动作。

● **注意事项：**

练习过程中注意保持身体的平衡。

# 第8组

**主要锻炼部位:腹直肌、腹横肌、腰方肌、竖直肌、股四头肌、腘绳肌。**

● 锻炼方法:

图3-8-1

图3-8-1起始式,坐在瑜伽垫上,双膝弯曲,双脚脚跟踩在瑜伽垫上。两臂伸直,双手各握一个哑铃至双膝两侧。背部挺直,向下向后放松肩膀。

图3-8-2

图3-8-2吸气,将一只脚抬离瑜伽垫,随后将另一只脚也抬离瑜伽垫,双脚并在一起。使小腿与瑜伽垫基本平行。目光注视脚趾,保持呼吸2次。

图3-8-3

图3-8-3 吸气,向上伸直双腿,利用腹部力量,保持躯干平衡。绷直脚尖,股四头肌用力。

● **注意事项:**

注意小腿保持并拢及身体平衡。

## 第9组

**主要锻炼部位:** 肩胛提肌、菱形肌、背阔肌、上后锯肌、下后锯肌、竖脊肌、腘绳肌、股四头肌。

● **锻炼方法:**

图3-9-1

图3-9-1 吸气,将右脚与左侧哑铃抬离瑜伽垫,向后伸直右腿,使右腿与右髋处在同一直线上,脚尖绷直。向前平伸左侧哑铃,与肩同高。

图3-9-2

图3-9-2呼气，右腿伸直向外侧伸展并绷直右腿。吸气，向右侧直伸右腿，右腿与右髋同高呈直角。呼气放松。

图3-9-3

图3-9-3吸气，直臂向左侧伸出左侧哑铃，使其与左肩同高并呈直角。

组图动作完成后，注意换另一侧重复组图动作。

● **注意事项：**

保持核心部位肌肉收紧。

# 第四章

# PNF 拉伸练习

## 1. PNF拉伸菱形肌

- **练习部位**：菱形肌。
- **练习方法与步骤**：

（1）牵伸者取仰卧位，右肘肘关节屈曲，上臂靠近胸部尽可能左伸，保持肩胛骨接触床面。

（2）搭档者站在牵伸者右侧，右手拖住牵伸者肩胛骨内侧，为确保菱形肌收缩，在搭档者将肩胛骨靠近脊柱时，牵伸者以适当力量阻止后缩，防止上臂用力。左右交替进行。

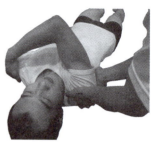

图4-1

- **练习组数**：动作重复练习2～3次，每次等长收缩10秒。
- **注意事项**：动作过程中保持肩胛骨贴近床面。

## 2. PNF拉伸斜方肌

- **练习部位**：斜方肌。
- **练习方法**：

（1）牵伸者取坐位，左上臂位于胸前，肘关节屈曲成90°。

（2）搭档者在右侧，左手托住牵伸者肘部固定手臂，右手握住肩关节，搭档者均匀用力让肩胛骨靠近脊柱使斜方肌等长收缩。左右交替进行。

- **练习组数**：动作重复练习2～3次，每次等长收缩10秒。

图4-2

- **注意事项**：等长收缩后，上臂在胸前向对侧更远处，加大斜方肌牵伸幅度。

## 3. PNF拉伸背阔肌

- **练习部位**：背阔肌。
- **练习方法**：

（1）牵伸者取俯卧位，两臂前伸，身体放松。

（2）搭档者站在牵伸者前方，双手握住牵伸者前臂或者手腕，缓慢均匀用力向前拉伸，使双侧背阔肌等长收缩。

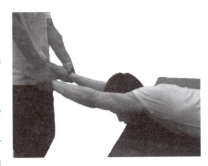

图4-3

- **练习组数**：动作重复练习2～3次，每次等长收缩10秒。
- **注意事项**：动作过程当中，牵伸者保持放松，拉伸后牵伸者呼气时向前更远端伸展、加强对背阔肌牵伸幅度。

## 4. PNF拉伸肩胛提肌

- **练习部位**：肩胛提肌。
- **练习方法**：

（1）牵伸者取坐姿，背部保持正直，头部向左转动45°，下颌靠近自己胸部，搭档者站在牵伸者后部，一手放在牵伸者头后部，另一手放在右肩胛上部。

（2）搭档者指导牵伸者缓慢抬起头、颈及右肩，并施加阻力使牵伸者的

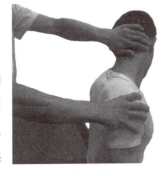

图4-4

右肩胛提肌进行等长收缩。左右交替进行。

- **练习组数**：动作重复练习2～3次，每次等长收缩10秒。
- **注意事项**：在等长收缩后，牵伸者放松呼吸，呼气时保持下颌最大幅度靠近胸部，以加强右肩胛提肌的牵伸幅度。

## 5.PNF拉伸胸大肌

- **练习部位**：胸大肌。
- **练习方法**：

（1）牵伸者取俯卧位，右臂外展，肩与大臂、大小臂弯曲成90°，置于床上，搭档者站在牵伸者右侧，将右臂尽可能高地抬起，在抬起过程中保持前臂处于水平位置。

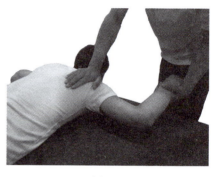

图4-5

（2）搭档者用小臂和手贴住牵伸者前臂和手，使牵伸者缓慢从肘部开始收缩，使胸大肌等长收缩。左右交替进行。

- **练习组数**：动作重复练习2～3次，每次等长收缩6秒。
- **注意事项**：练习过程中保持胸部不能离开地面，以保证胸大肌在无痛状态下最大程度拉伸。

## 6.PNF拉伸胸小肌

- **练习部位**：胸小肌。
- **练习方法**：

（1）牵伸者取仰卧位，左臂置于体侧，搭档者站在其左侧，并用左手握住牵伸者的肘关节，右手放在牵伸者肩前部，指导牵伸者肩部靠近地面，并使牵伸者肩胛骨向后下方运动。

（2）指导牵伸者缓慢向其上方用力活动肩部以抵抗搭档者左手的用力，使胸小肌等长收缩。左右交替进行。

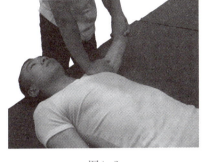

图4-6

- **练习组数**：动作重复练习2～3次，每次等长收缩10秒。

- **注意事项**：等长收缩后，牵伸者放松呼气时，牵伸者肩部再次靠近地面，肩胛骨向后下方移动，可以加大对胸小肌的收缩。

## 7.PNF拉伸臀大肌

- **练习部位**：臀大肌。
- **练习方法**：

（1）牵伸者取仰卧位，抬起左腿，小腿自然弯曲。

（2）搭档者站在牵伸者左侧，右手握住牵伸者大小腿折叠处，左手扶住牵伸者踝关节处，指导牵伸者大腿用力向前上方运动，使臀大肌等长收缩。左右交替进行。

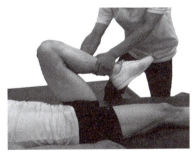

图4-7

- **练习组数**：动作重复练习2～3次，每次等长收缩10秒。
- **注意事项**：动作过程保持臀部以及上体贴近地面。

## 8. PNF拉伸腰方肌

- **练习部位：** 腰方肌。
- **练习方法：**

（1）牵伸者取仰卧位，搭档者紧握其左小腿和左踝关节，使牵伸者被动牵拉左腿以及臀部位置，牵伸过中线以拉长左侧腰方肌。

图4-8

（2）从起始位置开始，牵伸者试着把髋骨向头部方向拉伸，在此过程使腰方肌等长收缩。

（3）动作完成后，牵伸者放松，呼气时保持腿在起始位置，呼气时牵伸者向下牵伸左腿过中线向远端，以加大腰方肌拉伸幅度。左右交替进行。

- **练习组数：** 动作重复练习2～3次，每次等长收缩10秒。
- **注意事项：** 动作过程中不能屈髋。

## 9. PNF拉伸梨状肌

- **练习部位：** 梨状肌。
- **练习方法：**

（1）牵伸者取俯卧位，下肢外旋的同时，保持髋关节平放在地面。

（2）搭档者站在牵伸者右侧，左手扶住牵伸者踝关节，右手放在右髋关节处，牵伸者把腿压过身体中线，确保膝关节内侧无痛情况下梨状肌收缩。

（3）等长收缩后，牵伸者放松身体，吸气时下肢保持起始姿势，呼气时牵伸者下肢外旋加深梨状肌牵伸幅度。左右交替进行。

- **练习组数**：动作重复练习2～3次，每次等长收缩10秒。
- **注意事项**：动作过程髋关节保持贴近地面。

图4-9

## 10.PNF拉伸股四头肌

- **练习部位**：股四头肌
- **练习方法**：

（1）牵伸者取俯卧位，左小腿微曲。搭档者站在牵伸者左侧，左手扶住牵伸者大腿中部，右手握住踝关节。

（2）搭档者用力向前按压，在此过程当中保持大腿不离开床面，使股四头肌等长收缩。左右交替进行。

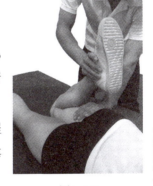

图4-10

- **练习组数**：动作重复练习2～3次，每次等长收缩10秒。
- **注意事项**：在拉伸过程中牵伸者保持身体放松，大腿贴近地面。

## 11.PNF拉伸腹斜肌

- **练习部位**：腹斜肌。
- **练习方法**：

（1）牵伸者取坐姿，髋关节固定，上体保持正直，尽力向右侧转动身体，保持头部和胸骨一起转动。

（2）搭档者经牵伸者的右臂下绕至右肩前，左手放在左肩胛骨内侧，牵伸者开始向左旋转，搭档者

图4-11

施加对抗阻力，使腹部肌肉等长收缩。左右交替进行。

- **练习组数：** 动作重复练习2～3次，每次等长收缩10秒。
- **注意事项：** 在拉伸过程中牵伸者转动时保持头部正直，保持回旋力量由躯干发出。

## 12.PNF拉伸竖脊肌

- **练习部位：** 竖脊肌。
- **练习方法：**

（1）牵伸者取俯卧位，两臂自然前伸，身体放松，搭档者坐在牵伸者臀部，双手握住牵伸者两肩。

（2）搭档者向后上方用力拉伸，在此过程中牵伸者保持放松，

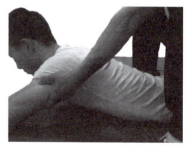

图4-12

仰头时腰部以下不离开地面，使竖脊肌及脊柱后屈。

- **练习组数：** 动作重复练习2～3次，每次等长收缩10秒。
- **注意事项：** 搭档者注意用力均匀，保证牵伸者的腰部以下部位紧贴地面。

## 13. PNF 拉伸前锯肌

- **练习部位**：前锯肌。
- **练习方法**：

（1）牵伸者取坐姿，右侧手臂上举，小臂自然下垂放至脑后，搭档者站在牵伸者后方，左手扶住牵伸者右肩胛骨下部，右手扶住牵伸者大臂。

（2）搭档者右手用力向后上方拉伸，牵伸者向右侧后方稍稍转动。使前锯肌充分拉伸。左右交替进行。

图4-13

- **练习组数**：动作重复练习2～3次，每次等长收缩10秒。
- **注意事项**：在此过程中牵伸者身体保持正直。

## 14. PNF 拉伸髂腰肌

- **练习部位**：髂腰肌。
- **练习方法**：

（1）牵伸者取俯卧位，腰部保持平稳，牵伸者伸髋，左侧大腿尽可能高地抬离地面的同时膝关节微屈。

（2）搭档者右手扶住牵伸者膝关节处向上方用力，同时牵伸者向地面方向拉大腿，阻抗拉伸，使髂腰肌等长收缩。左右交替进行。

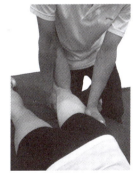

图4-14

- **练习组数**：动作重复练习2～3次，每次等长收缩10秒。
- **注意事项**：在拉伸过程中牵伸者保持臀肌放松，同时下肢不能伸直。

## 15.PNF拉伸腹直肌

- **练习部位**：腹直肌。
- **练习方法**：

（1）练习者取跪姿，牵伸者保持上体正直，搭档者站在牵伸者后面，左手放在牵伸者背部，右手放在牵伸者肩部。

（2）搭档者右手向后用力，左手向前用力，使腹直肌收缩。

- **练习组数**：动作重复练习2～3次，每次等长收缩10秒。左右交替进行。

图4-15

- **注意事项**：在此过程中搭档者注意两手相对均衡用力，使牵伸者腹部肌肉充分伸展。

## 16.PNF拉伸臀中肌、臀小肌

- **练习部位**：臀中肌、臀小肌。
- **练习方法**：

（1）牵伸者取站姿，右腿侧踢抬高，双手扶住物体维持站立姿势，搭档者站在右侧后方双手握住牵伸者膝关节处。

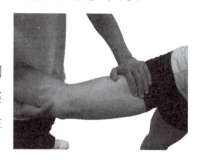

图4-16

（2）搭档者用力向上方拉伸，在此过程中牵伸者保持大腿内旋。左右交替进行。

- **练习组数**：动作重复练习2～3次，每次等长收缩10秒。
- **注意事项**：动作过程牵伸者注意保持大腿内旋。

## 17. PNF 拉伸阔筋膜张肌

● **练习部位**：阔筋膜张肌。

● **练习方法**：

（1）牵伸者取仰卧位，大小腿折叠，大腿内旋约成90°，搭档者站在右侧，右手放在牵伸者的肩关节处，左手放在牵伸者大腿中部。

（2）搭档者用力向前下方按压牵伸者大腿部，使阔筋膜张肌收缩。左右交替进行。

图4-17

● **练习组数**：动作重复练习2～3次，每次等长收缩10秒。

● **注意事项**：在牵伸过程中保持牵伸者臀部紧贴床面。

## 18. PNF 拉伸多裂肌

● **练习部位**：多裂肌。

● **练习方法**：

（1）牵伸者取坐姿，两腿伸直，搭档者站在牵伸者后方，双手放在背后中部。

（2）搭档者向前下方用力，使牵伸者胸部靠近大腿，使多裂肌充分拉伸。

图4-18

● **练习组数**：动作重复练习2～3次，每次等长收缩10秒。

● **注意事项**：在拉伸过程中牵伸者膝关节要保持正直。

## 19.PNF拉伸肋间肌

● **练习部位**：肋间肌。

● **练习方法**：

（1）牵伸者取侧卧位，左腿在下自然弯曲，右腿自然伸直，左手伸直，搭档者站在牵伸者后方，左手扶着牵伸者左臂，右手扶着肩部。

（2）搭档者左手用力向上拉伸牵伸者大臂，右手同时用力向下防止牵伸者躯干过度向上屈伸。使肋间肌部位充分拉伸。左右交替进行。

● **练习组数**：动作重复练习2～3次，每次等长收缩10秒。

● **注意事项**：在此过程中保持牵伸者髋关节以下部位紧贴地面。

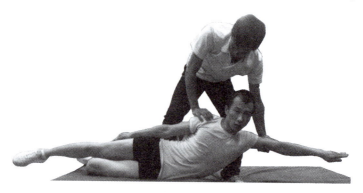

图4-19

## 20.PNF拉伸半腱肌、半膜肌、肱二头肌

● **练习部位**：半腱肌、半膜肌、肱二头肌。

● **练习方法：**

（1）牵伸者取仰卧位，抬高右腿，保持膝关节伸直，搭档者左手扶住膝关节处，右手握住脚底部位。

（2）指导牵伸者缓慢足跟向地面方向下压，使股后肌群等长收缩。左右交替进行。

● **练习组数：** 动作重复练习2~3次，每次等长收缩10秒。

● **注意事项：** 过程当中保持膝关节伸直，臀部紧贴地面。

图4-20

# 第五章

# 弹力带练习

## 1. 背肌练习

图5-1

图5-2

- **练习手段**：双手拉弹力带经体前上举。
- **练习方法**：两脚开立与肩同宽，身体处于半蹲姿势，双手拉弹力于膝关节处，身体起立，同时双手拉弹力带于头上方。
- **练习组数**：训练3组，每组20次。
- **注意事项**：上拉弹力带身体挺直，体会背部用力。

图5-3

图5-4

**核心力量体能训练法**

- **练习手段：** 转身双手推拉弹力带。
- **练习方法：** 左脚在前，右脚在后，身体处于弓步姿势，双手握紧弹力带于腹部两侧，转身，右脚固定不动，左手向前推出，呈弓步姿势。左右交替进行。
- **练习组数：** 训练3组，每组20次。
- **注意事项：** 保持重心稳定，体会背部用力。

图5-5　　　　　图5-6

- **练习手段：** 双手下拉弹力带。
- **练习方法：** 左脚在前，右脚在后，身体处于半弓步姿势，两臂上举拉紧弹力带，在向前提右膝的同时，将弹力带拉至髋关节右侧。左右交替进行。
- **练习组数：** 训练3组，每组20次。
- **注意事项：** 提膝时，胸、腰、腹收紧。

图5-7　　　　　　　　图5-8

- **练习手段**：单腿俯身后拉弹力带。
- **练习方法**：左腿站立，上体与地面平行，右腿与之保持在一个水平面，背部挺直，腹部收紧，双手抓紧弹力带经体侧拉至髋关节两侧。左右两侧交替进行。
- **练习组数**：训练3组，每组20次。
- **注意事项**：保持髋关节中立，背部、腹部收紧。

图5-9　　　　　　　　图5-10

- **练习手段**：肩部拉弹力带背起。
- **练习方法**：两腿开立与肩同宽，俯身90°，将弹力带固定于肩关节和脚底，双手扶弹力带，背起，直到身体保持直立。
- **练习组数**：训练3组，每组20次。
- **注意事项**：背部、腹部收紧。

## 2.腹肌练习

图5-11　　　　　图5-12

- **练习手段**：双手拉弹力带转体。
- **练习方法**：两脚开立与肩同宽，两臂伸直，双手拉弹力带于胸前，向一侧转体90°，两腿及髋关节正对前方。左右交替进行。
- **练习组数**：训练3组，每组20次。
- **注意事项**：胸、腹、背收紧。

图5-13　　　　　图5-14

- **练习手段**：双手直臂拉弹力带。
- **练习方法**：左腿站立，右腿提膝，小腿自然下垂，两臂伸直握弹力带于胸前，直臂向后打开，与肩同高。左右腿交替进行。

- **练习组数**：训练3组，每组20次。
- **注意事项**：髋关节保持中立，胸、腹收紧。

图5-15　　　　　图5-16

- **练习手段**：双手拉弹力带上步提膝。
- **练习方法**：左腿在前，右腿在后，呈弓步姿势，直臂双手拉弹力带于头上方，右腿上步提膝，左脚固定不动。左右腿交替进行。
- **练习组数**：训练3组，每组20次。
- **注意事项**：髋关节保持中立，胸、腹、背收紧。

图5-17　　　　　图5-18

核心力量体能训练法

- **练习手段**：双手拉弹力带弓步提拉。
- **练习方法**：右腿在前，左腿在后，呈弓步姿势，握紧弹力带于右髋部位，双臂伸直经体前向右肩斜上方提拉。左右腿交替进行。
- **练习组数**：训练3组，每组20次。
- **注意事项**：髋部保持中立，腰、腹收紧。

图5-19　　　　　　　　图5-20

- **练习手段**：单腿俯身内拉弹力带。
- **练习方法**：两臂侧平举，俯身单腿站立，另一侧腿与上体保持在同一水平面，左手握紧弹力带拉至体前。
- **练习组数**：训练3组，每组20次。
- **注意事项**：支撑腿伸直，保持骨盆处于中立，胸、腹收紧。

图5-21　　　　　　　　图5-22

- **练习手段**：单手侧支撑拉弹力带。
- **练习方法**：右手臂伸直侧支撑于地面,将弹力带一端固定于掌下,左手握紧弹力带将其向上方打开,保证两手臂伸直处于一条直线上。左右臂交替进行。
- **练习组数**：训练3组,每组20次。
- **注意事项**：胸、腹收紧,手臂打开时伸直。

## 3.胸肌练习

图5-23　　　　图5-24

- **练习手段**：双手拉弹力带弓步前推。
- **练习方法**：双手握紧弹力带于胸前,肘关节弯曲,背部挺直,一侧腿向前做弓步姿势,同时两臂向前平推。左右腿交替进行。
- **练习组数**：训练3组,每组20次。
- **注意事项**：两臂平推伸直,髋部保持中立。

图5-25　　　　图5-26

- **练习手段：** 双手拉弹力带上步。
- **练习方法：** 左脚在前，右脚在后，呈弓步姿势，直臂拉弹力带于胸前，右腿上步，左脚保持不动。左右腿交替进行。
- **练习组数：** 训练3组，每组20次。
- **注意事项：** 髋部保持中立，胸、腰、腹收紧。

图5-27

图5-28

- **练习手段**：仰卧双手拉弹力带于胸前。
- **练习方法**：仰卧于地面，两臂伸直置于体侧，双手各握一根弹力带，直臂拉于胸前。
- **练习组数**：训练3组，每组20次。
- **注意事项**：胸、腹收紧，两臂伸直。

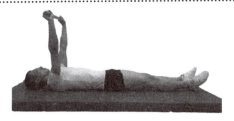

图5-29

图5-30

- **练习手段**：仰卧双手拉弹力带于体侧。
- **练习方法**：仰卧于地面，双手打开与肩同宽，直臂握紧弹力带于胸前，两臂分别向身体两侧拉弹力带。
- **练习组数**：训练3组，每组20次。
- **注意事项**：双臂伸直拉弹力带，体会胸部用力。

图5-31

图5-32

- **练习手段**：双手拉弹力带俯卧撑。
- **练习方法**：两臂伸直与肩同宽支撑于地面，将弹力带拉紧固定于两腕关节处，俯卧姿势，两臂屈肘撑下。
- **练习组数**：训练3组，每组20次。
- **注意事项**：撑下的同时，胸、腹、背收紧。

## 4. 盆带肌

图5-33　　　　图5-34

- **练习手段**：单腿俯身拉弹力带。
- **练习方法**：左腿站立，右腿离地并踏在弹力带上，双手握紧弹力带两端，以髋关节为轴，俯身90°，上体与右腿在一水平面上，两臂伸直置于胸前。左右腿交替进行。
- **练习组数**：训练3组，每组20次。
- **注意事项**：手臂与腿伸直，胸、腹、背收紧。

图5-35

图5-36

- **练习手段**：仰卧单腿拉弹力带上举。
- **练习方法**：身体仰卧于地面，将弹力带一端套在一侧脚踝上，向上拉弹力带与地面呈90°，膝关节伸直。左右交替进行。
- **练习组数**：训练3组，每组20次。
- **注意事项**：上举腿伸直，体会髋关节用力。

图5-37

图5-38

- **练习手段**：单腿斜向上拉弹力带。
- **练习方法**：左腿站立，俯身与地面平行，右手握紧弹力带于左腿小腿处，上体起立，右腿同时向前上提拉，右臂伸直斜向右上拉弹力带。左右腿交替进行。
- **练习组数**：训练3组，每组20次。
- **注意事项**：髋关节保持中立，右臂伸直斜向上拉，胸部收紧。

图5-39　　　　　图5-40

- **练习手段**：两腿拉弹力带髋外展。
- **练习方法**：将弹力带套在膝关节处，两脚开立与肩同宽，两手叉腰，上体挺直，右侧腿伸直向右前方45°迈出，将髋关节打开。左右腿交替进行。
- **练习组数**：训练3组，每组20次。
- **注意事项**：两腿伸直收紧。

图5-41　　　　　图5-42

- **练习手段**：单腿俯身上拉弹力带。
- **练习方法**：左腿站立，右腿与上体平行于地面，两臂伸直将弹力带套在左脚下，上体直立的同时上拉弹力带。左右腿交替进行。
- **练习组数**：训练3组，每组20次。
- **注意事项**：胸、腰、腹臀部肌肉收紧。

## 5. 大腿肌

图5-43

图5-44

- **练习手段**：俯身直腿拉弹力带后踢。
- **练习方法**：俯卧于地面，两腿伸直并拢，将弹力带一端套在一侧腿的脚踝处，直腿向后上方踢，左右交替进行。
- **练习组数**：训练3组，每组20次。
- **注意事项**：后踢腿伸直。

图5-45　　　　图5-46

- **练习手段**：两腿拉弹力带弓步。
- **练习方法**：两脚开立与肩同宽，将弹力带套于两膝之间，一侧腿向前做弓步姿势，左右腿交替进行。
- **练习组数**：练习3组，每组20次。
- **注意事项**：左右腿收紧。

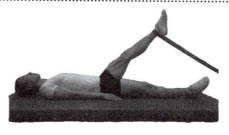

图5-47

图5-48

- **练习手段**：仰卧弹力带侧摆腿。
- **练习方法**：仰卧于地面，右腿伸直上举与地面呈90°，将弹力带一端套在脚踝处，右腿向左侧摆腿。左右腿交替进行。
- **练习组数**：训练3组，每组20次。
- **注意事项**：大腿上举伸直收紧，髋关节保持中立。

图5-49　　　　　　图5-50

- **练习手段**：单手拉弹力带前跳。
- **练习方法**：两脚开立与肩同宽，一侧手臂叉腰，另一侧手臂屈肘握紧弹力带于头侧，保持此姿势向正前方跳出。左右交替进行。
- **练习组数**：训练3组，每组20次。
- **注意事项**：胸、腹、大腿收紧。

图5-51　　　　　　图5-52

- **练习手段**：弹力带侧跳。
- **练习方法**：双脚开立与肩同宽，两手叉腰，上体挺直，将弹力带一端固定于膝关节处，向一侧跳出。左右交替进行。
- **练习组数**：训练3组，每组20次。
- **注意事项**：腹部、臀部、大腿收紧。

图5-53　　　　　　图5-54

- **练习手段**：弹力带高抬腿。
- **练习方法**：两腿开立与肩同宽，两手叉腰，将弹力带一端固定于一侧大腿中部，向上做高抬腿动作，背部挺直。左右腿交替进行。
- **练习组数**：训练3组，每组20次。
- **注意事项**：腿部肌肉收紧。

# 第六章

# 瑞士球徒手练习

## 锻炼部位：斜方肌

图6-1　　　　　图6-2

- **练习手段**：瑞士球上扩胸运动。
- **练习方法**：坐在瑞士球上，两脚开立与肩同宽，背部挺直，两臂弯曲与肩同高，向后做扩胸运动。
- **练习组数**：训练3组，每组20次。
- **注意事项**：背部挺直，收紧。

## 锻炼部位：背阔肌

图6-3　　　　　图6-4

- **练习手段**：瑞士球上直臂前斜伸。
- **练习方法**：坐在瑞士球上，两脚开立与肩同宽，左侧臂叉腰，右臂伸直上举,上体前倾,手臂向左前方45°伸出。左右交替进行。
- **练习组数**:训练3组,每组20次。
- **注意事项**:体会背部发力,手臂伸直。

## 锻炼部位:菱形肌

图6-5　　　　　图6-6

- **练习手段**:瑞士球上一侧击掌。
- **练习方法**:坐在瑞士球上,两脚开立与肩同宽,两臂侧平举,用一侧手掌击另一侧的手掌,上体保持正直。左右交替进行。
- **练习组数**:训练3组,每组20次。
- **注意事项**:体会菱形肌被拉伸。

## 锻炼部位:肩胛提肌

图6-7　　　　　图6-8

- **练习手段**：瑞士球上头颈侧屈。
- **练习方法**：坐在瑞士球上，两脚开立与肩同宽，两手叉腰背部挺直，头部向一侧屈。左右交替进行。
- **练习组数**：训练3组，每组20次。
- **注意事项**：上体保持正直。

### 锻炼部位：竖脊肌

图6-9　　　　　图6-10

- **练习手段**：瑞士球上体屈伸。
- **练习方法**：坐在瑞士球上，两脚开立与肩同宽，两手抱头，上体前伸与地面平行，低头，上体慢慢向上抬起，背部收紧，面部正对前方。
- **练习组数**：训练3组，每组20次。
- **注意事项**：上体抬起时，背部收紧。

## 锻炼部位：回旋肌、多裂肌

图6-11

图6-12

- **练习手段**：瑞士球上直臂斜向下伸。
- **练习方法**：坐在瑞士球上两脚开立与肩同宽，背部挺直，两臂伸直上举，经体前斜向下伸。
- **练习组数**：训练3组，每组20次。
- **注意事项**：两臂前斜下伸时，体会背肌充分拉伸。

## 锻炼部位：上、下后锯肌

图6-13

图6-14

- **练习手段**：瑞士球上体后击掌。
- **练习方法**：坐在瑞士球上，两脚开立与肩同宽，上体挺直，两臂伸直置于体后，双手击掌。
- **练习组数**：每次训练3组，每组训练20次。
- **注意事项**：击掌时体会背部发力。

## 锻炼部位：胸大肌、胸小肌

图6-15

图6-16

- **练习手段**：双脚撑瑞士球俯卧撑。
- **练习方法**：俯卧于地面，两腿并拢支撑于瑞士球上，两臂伸直与肩同宽，背部挺直，向下做俯卧撑。
- **练习组数**：训练3组，每组20次。
- **注意事项**：腿、胸、腹收紧。

## 锻炼部位：前锯肌

- **练习手段**：坐在瑞士球上直臂头上击掌。
- **练习方法**：两脚开立与肩同宽，背部挺直，两臂伸直置于体后，经体侧到达头上方击掌。
- **练习组数**：训练3组，每组20次。
- **注意事项**：上体挺直，手臂上举要伸直。

图6-17

图6-18

## 锻炼部位：肋间肌、胸横机、膈肌

图6-19

图6-20

- **练习手段**：瑞士球上深吸气、深呼气。
- **练习方法**：两脚开立与肩同宽，两手叉腰，上体保持正直，深吸气，深呼气。
- **练习组数**：训练3组，每组20次。
- **注意事项**：保持髋关节中立。

## 锻炼部位：髂腰肌

图6-21　　　　　　　图6-22

- **练习手段：** 仰卧瑞士球向上踢腿。
- **练习方法：** 仰卧，背部压在瑞士球上，两脚开立与肩同宽，保持大腿与上体在同一水平面上，一侧腿伸直向上踢。
- **练习组数：** 训练3组，每组20次。
- **注意事项：** 保持髋部中立，腿部收紧。

## 锻炼部位：臀大肌、股二头肌

图6-23　　　　　　　图6-24

- **练习手段：** 肘撑瑞士球后踢腿。
- **练习方法：** 俯卧，两臂屈肘支撑于瑞士球上，两腿伸直并拢，背部挺直，一侧腿伸直后踢。左右腿交替进行。
- **练习组数：** 训练3组，每组20次。
- **注意事项：** 腰、臀收紧，后踢腿伸直。

## 锻炼部位：臀中肌、臀小肌

图6-25

图6-26

- **练习手段**：两腿夹瑞士球转髋。
- **练习方法**：两腿夹瑞士球仰卧于地面，两腿伸直上举瑞士球，向一侧转髋。
- **练习组数**：训练3组，每组20次。
- **注意事项**：两腿伸直，臀部收紧，转髋时两腿伸直。

## 锻炼部位：梨状肌、闭孔内肌、闭孔外肌

图6-27

图6-28

- **练习手段**：俯卧单腿压球侧踢腿。

核心力量体能训练法

- **练习方法**：两臂伸直与肩同宽支撑地面，两腿并拢支撑于瑞士球上，一侧腿伸直向一侧踢。左右腿交替进行。
- **练习组数**：训练3组，每组20次。
- **注意事项**：身体始终保持在一条直线上，臀、胸、腰收紧。

## 锻炼部位：股方肌

图6-29

图6-30

- **练习手段**：肘撑瑞士球侧后踢腿。
- **练习方法**：屈肘支撑于瑞士球上，一侧腿伸直支撑，另一腿向侧后方向踢腿。左右腿交替进行。
- **练习组数**：训练3组，每组20次。
- **注意事项**：两腿始终伸直，臀部收紧。

## 锻炼部位：腰方肌

图6-31

图6-32

- **练习手段：**侧支撑两腿夹瑞士球起。
- **练习方法：**侧卧于地面，一侧手臂弯曲肘撑于地面，另一侧手臂置于胸前支撑，两腿伸直，用踝关节夹住瑞士球向上抬起，体会背部发力。左右交替进行。
- **练习组数：**训练3组，每组20次。
- **注意事项：**两腿伸直收紧，体会腰部发力。

### 锻炼部位：缝匠肌

图6-33　　　　　　　　图6-34

- **练习手段：**背撑瑞士球内踢腿。
- **练习方法：**背部挺直支撑于瑞士球上，两脚开立与肩同宽，膝关节弯曲，保持大腿与上体在同一水平面上，一侧腿膝关节弯曲向内做踢腿动作。左右腿交替进行。
- **练习组数：**训练3组，每组20次。
- **注意事项：**保持身体稳定。

## 锻炼部位：股四头肌

图6-35　　　　　　　　图6-36

- **练习手段**：肘撑瑞士球屈腿后踢。
- **练习方法**：俯卧，两臂屈肘支撑于瑞士球上，背部挺直，一侧腿伸直支撑于地面，另一侧腿膝关节弯曲，向后踢腿。左右腿交替进行。
- **练习组数**：训练3组，每组20次。
- **注意事项**：保持身体稳定，腿部收紧。

## 锻炼部位：半腱肌、半膜肌

图6-37　　　　　　　　图6-38

- **练习手段**：脚撑瑞士球后踢腿。
- **练习方法**：俯卧，两臂伸直与肩同宽支撑与地面，两腿伸直并拢支撑于瑞士球上，一侧腿伸直向上踢腿，左右腿交替进行。

- **练习组数**：训练3组，每组20次。
- **注意事项**：两腿伸直收紧，髋关节保持中立。

## 锻炼部位：耻骨肌、短收肌、大收肌、长收肌、股薄肌

图6-39　　　　　　　　图6-40

- **练习手段**：肘撑瑞士球内收腿。
- **练习方法**：俯卧，两臂屈肘支撑于瑞士球上，背部挺直，两腿并拢支撑于地面，一侧腿弯曲向内收腿。左右腿交替进行。
- **练习组数**：训练3组，每组20次。
- **注意事项**：保持身体稳定，体会大腿发力。

## 锻炼部位：腹直肌

图6-41　　　　　　　　图6-42

- **练习手段**：脚撑瑞士球抱头起。
- **练习方法**：仰卧于地面，两腿伸直并拢支撑于瑞士球上，两手

抱头,上体抬起。
- **练习组数**:训练3组,每组20次。
- **注意事项**:腿部伸直,体会腹部发力。

## 锻炼部位:腹外斜肌

图6-43

图6-44

- **练习手段**:瑞士球上转体。
- **练习方法**:坐在瑞士球上,两脚开立与肩同宽,两臂伸直侧平举,上体挺直,两臂随上体转动90°。左右交替进行。
- **练习组数**:训练3组,每组20次。
- **注意事项**:两臂伸直,体会腹部外侧肌群拉伸。

## 锻炼部位:腹内斜肌、腹横肌

图6-45

图6-46

- **练习手段：**瑞士球上侧弯起。
- **练习方法：**侧卧，一侧身体支撑于瑞士球上，双手抱头，双腿伸直并拢，胸、腹、背收紧，上体做侧弯起。
- **练习组数：**训练3组，每组20次。
- **注意事项：**胸、腹、背收紧，两腿伸直。

# 第七章

# 瑞士球上哑铃、沙袋练习

## 锻炼部位：斜方肌

图7-1

图7-2

- **练习手段：** 直臂侧上举哑铃。
- **练习方法：** 坐在瑞士球上，两脚开立与肩同宽，背部挺直，两手各握一哑铃置于体侧，直臂侧上举。
- **练习组数：** 训练3组，每组20次。
- **注意事项：** 胸、背肌收紧，体会手臂向上用力。

## 锻炼部位：背阔肌

图7-3

图7-4

- **练习手段**：瑞士球上划船。
- **练习方法**：坐在瑞士球上，两脚开立与肩同宽，背部挺直，两手各握一个哑铃放于腹前，分别向身体两侧后拉内收。
- **练习组数**：训练3组，每组20次。
- **注意事项**：背部挺直，收紧。

## 锻炼部位：菱形肌

图7-5　　　　　　　图7-6

- **练习手段**：瑞士球上飞鸟展翅。
- **练习方法**：坐在瑞士球上，两脚开立与肩同宽，背部挺直，两手各握一个哑铃置于体侧，两臂伸直侧平举，头下低。
- **练习组数**：训练3组，每组20次。
- **注意事项**：两臂始终伸直，体会背部发力。

## 锻炼部位：肩胛提肌

- **练习手段**：瑞士球上体前上举哑铃。
- **练习方法**：坐在瑞士球上，两脚开立与肩同宽，背部挺直，两臂伸直各握一个哑铃置于胸前，直臂上举。

- **练习组数**：训练3组，每组20次。
- **注意事项**：两臂伸直，肩部打开。

图7-7　　　　　　图7-8

## 锻炼部位：竖脊肌

图7-9　　　　　　图7-10

- **练习手段**：瑞士球上体前屈。
- **练习方法**：坐在瑞士球上，两腿伸直并拢，背部挺直，两臂伸直各握一哑铃，上举于头上方，上体前倾。
- **练习组数**：训练3组，每组20次。
- **注意事项**：两臂伸直，体会背部被拉伸。

## 锻炼部位：回旋肌、多裂肌

图7-11　　　　　图7-12

- **练习手段**：瑞士球上双手握哑铃交叉体前屈。
- **练习方法**：坐在瑞士球上，两脚开立与肩同宽，背部挺直，两臂伸直各握一哑铃于头上方，上体前倾的同时两臂交叉。
- **练习组数**：训练3组，每组20次。
- **注意事项**：体会背部被拉伸。

## 锻炼部位：上、下后锯肌

图7-13　　　　　图7-14

- **练习手段**：瑞士球上双手拉哑铃至体后。
- **练习方法**：坐在瑞士球上，两脚开立与肩同宽，背部挺直，两臂伸直各握一个哑铃置于膝关节前，直臂后拉。
- **练习组数**：训练3组，每组20次。
- **注意事项**：两臂伸直，腰部挺直。

### 锻炼部位：胸大肌、胸小肌

图7-15　　　　　　图7-16

- **练习手段**：仰卧瑞士球拉哑铃体前交叉。
- **练习方法**：仰卧，背部压在瑞士球上，两脚开立与肩同宽，上体与大腿保持在同一水平面上，两手各握一哑铃，两臂伸直置于身体两侧，上举交叉于肘关节处。
- **练习组数**：训练3组，每组20次。
- **注意事项**：上体挺直，髋部保持中立位，两臂伸直。

### 锻炼部位：前锯肌、腹横肌

- **练习手段**：瑞士球上体侧屈。
- **练习方法**：坐在瑞士球上，两脚开立与肩同宽，背部挺直，一侧手叉腰，另一侧臂伸直上举哑铃，上举臂向体侧侧屈。左右臂交替进行。

- **练习组数**：训练3组，每组20次。
- **注意事项**：腰、腹收紧，体会前锯肌被拉伸。

图7-17　　　　　图7-18

## 锻炼部位：髂腰肌

图7-19　　　　　图7-20

- **练习手段**：仰卧两头起。
- **练习方法**：仰卧于地面，两手各握一哑铃，两臂伸直置于头两侧，两腿伸直夹住瑞士球，两臂与两腿同时上举。
- **练习组数**：训练3组，每组20次。
- **注意事项**：两腿与胸、腹收紧，体会腹部用力。

### 锻炼部位：臀大肌、股四头肌、股方肌

图7-21　　　　图7-22

- **练习手段**：肘撑瑞士球后踢腿。
- **练习方法**：俯卧，两臂屈肘支撑于瑞士球上，两腿伸直支撑于地面，在两小腿处各固定一个沙袋，一侧腿向后摆腿。左右腿交替进行。
- **练习组数**：训练3组，每组20次。
- **注意事项**：胸、腹、背收紧，后踢的腿伸直。

### 锻炼部位：臀中肌、臀小肌、半腱肌、半膜肌

图7-23　　　　图7-24

- **练习手段**：肘撑瑞士球斜向后踢腿。

- **练习方法**：俯卧，两臂弯曲支撑于瑞士球上，两腿并拢伸直支撑于地面，在小腿处各固定一沙袋，一侧腿向同侧斜后方摆腿。左右腿交替进行。
- **练习组数**：训练3组，每组20次。
- **注意事项**：胸、腰、腹收紧，两腿伸直，髋关节固定。

### 锻炼部位：梨状肌、闭孔内肌、闭孔外肌

图7-25　　　　　　　　图7-26

- **练习手段**：肘撑瑞士球侧踢腿。
- **练习方法**：俯卧，两臂弯曲支撑于瑞士球上，两腿并拢伸直支撑于地面，在小腿处各固定一沙袋，一侧腿向外侧摆腿。左右腿交替进行。
- **练习组数**：练习3组，每组20次。
- **注意事项**：胸、腰、腹收紧，两腿伸直，髋关节固定。

### 锻炼部位：腰方肌

- **练习手段**：瑞士球上手臂斜向下伸。
- **练习方法**：坐在瑞士球上，两脚开立与肩同宽，背部挺直，一侧手叉腰，另一侧臂伸直握一个哑铃于体侧，向异侧脚方向斜向

下伸。左右臂交替进行。

- **练习组数**：训练3组，每组20次。
- **注意事项**：体会背部被拉伸。

图7-27　　　图7-28

### 锻炼部位：缝匠肌、阔筋膜张肌

图7-29　　　图7-30

- **练习手段**：背撑瑞士球内踢腿。
- **练习方法**：仰卧，背部压在瑞士球上，两脚开立与肩同宽，上体与大腿保持在同一水平面上，两手叉腰，在两小腿处各固定一个沙袋，一侧腿上举向内侧摆。左右交替进行。
- **练习组数**：训练3组，每组20次。

- **注意事项**：髋部固定，上举腿伸直。

## 锻炼部位：股二头肌

图7-31　　　　　图7-32

- **练习手段**：仰卧瑞士球向上踢腿。
- **练习方法**：仰卧，背部压在瑞士球上，两脚开立与肩同宽，上体与大腿保持在同一水平面上，两手叉腰，在两小腿处各固定一个沙袋，一侧腿伸直向上踢腿。左右腿交替进行。
- **练习组数**：训练3组，每组20次。
- **注意事项**：髋部固定，向上踢腿伸直。

## 锻炼部位：腹直肌

图7-33　　　　　图7-34

- **练习手段**：脚撑瑞士球上体起。

- **练习方法**：仰卧于地面，两腿伸直并拢，脚跟支撑于瑞士球上，两臂伸直，两手各握一哑铃置于头两侧，上体向上起。
- **练习组数**：训练3组，每组20次。
- **注意事项**：两腿始终伸直，体会腹部用力。

## 锻炼部位：腹内斜肌

图7-35　　　　图7-36

- **练习手段**：瑞士球上体侧练习。
- **练习方法**：坐在瑞士球上，两脚开立与肩同宽，背部挺直，两手各握一哑铃，两臂伸直上举，上体向一侧屈。左右交替进行。
- **练习组数**：训练3组，每组20次。
- **注意事项**：保持髋部固定，体会腹内斜肌被拉伸。

## 锻炼部位：腹外斜肌

- **练习手段**：瑞士球上转体。
- **练习方法**：坐在瑞士球上，两脚开立与肩同宽，背部挺直，两手各握一哑铃,两臂侧平举,一侧手臂随上体向一侧转动。

- **练习组数：** 训练3组,每组20次。左右臂交替进行。
- **注意事项：** 腰、腹收紧,体会腹外斜肌被拉伸。

图7-37　　　　图7-38

# 第八章

# 瑞士球、平衡垫上杠铃练习

## 锻炼部位：斜方肌、肩胛提肌

图8-1

图8-2

- **练习手段**：平衡垫上提拉杠铃耸肩。
- **练习方法**：两脚开立与肩同宽站在平衡垫上，两臂伸直，提杠铃于髋关节前，向上耸肩提拉杠铃。
- **练习组数**：训练3组，每组20次。
- **注意事项**：胸、腰、腹收紧。

## 锻炼部位：背阔肌

图8-3

图8-4

- **练习手段**：平衡垫上向上提拉杠铃。
- **练习方法**：两脚开立与肩同宽站在平衡垫上，两臂伸直，提杠铃于髋关节前，肘关节弯曲向上提拉杠铃至胸前。
- **练习组数**：训练3组，每组20次。

- **注意事项**：背、胸、腹收紧。

## 锻炼部位：菱形肌

图8-5　　　　　图8-6

- **练习手段**：平衡垫上体后提拉杠铃。
- **练习方法**：两脚开立与肩同宽站在平衡垫上，两臂伸直提杠铃于臀部，向后提拉。
- **练习组数**：训练3组，每组20次。
- **注意事项**：保持髋部稳定，挺胸，背部收紧。

## 锻炼部位：横突棘肌

图8-7　　　　　图8-8

- **练习手段**：瑞士球上肩负杠铃体屈伸。
- **练习方法**：坐在瑞士球上两手握杠铃于肩上，上体挺直，两脚开立与肩同宽，上体前倾与地面平行。

- **练习组数**：训练3组，每组20次。
- **注意事项**：背、胸、腹收紧。

## 锻炼部位：竖脊肌

图8-9　　　　　　　　图8-10

- **练习手段**：俯卧瑞士球肩负杠铃体屈伸。
- **练习方法**：俯卧，腹部支撑于瑞士球上，两腿伸直分开约1.5倍肩宽撑于地面，两手握杠铃于肩上，向上做屈体动作。
- **练习组数**：训练3组，每组20次。
- **注意事项**：腹部收紧，体会背部用力。

## 锻炼部位：上、下后锯肌

图8-11　　　　图8-12

- **练习手段**：瑞士球上肩负杠铃体转。
- **练习方法**：坐在瑞士球上两手握杠铃于肩上，上体挺直，两脚开立与肩同宽，上体向一侧转动。左右两侧交替进行。

- **练习组数**：训练3组，每组20次。
- **注意事项**：背、胸、腹收紧，体会腰部发力。

## 锻炼部位：胸大肌、胸小肌

图8-13

图8-14

- **练习手段**：瑞士球上卧推。
- **练习方法**：仰卧，背部支撑于瑞士球上，两脚开立与肩同宽，两手握杠铃于胸前，向上推举。
- **练习组数**：训练3组，每组20次。
- **注意事项**：两臂距离与肩同宽。

## 锻炼部位：前锯肌

图8-15

图8-16

- **练习手段**：平衡垫上杠铃上举。
- **练习方法**：两脚开立与肩同宽站在平衡垫上，两臂弯曲，双手距离略宽于肩握杠铃于胸前,直臂上举杠铃于头上方。

- **练习组数:** 训练3组,每组20次。
- **注意事项:** 两臂伸直,肩关节打开,体会背肌发力。

## 锻炼部位:肋间肌、胸横机、膈肌

图8-17

图8-18

- **练习手段:** 瑞士球上肩负杠铃深吸气、深呼气。
- **练习方法:** 坐在瑞士球上,两脚开立与肩同宽,上体保持正直,两手握杠铃于肩上,深吸气,深呼气。
- **练习组数:** 训练3组,每组20次。
- **注意事项:** 呼吸有节奏,胸部肌肉保持紧张。

## 锻炼部位:髂腰肌

图8-19

图8-20

- **练习手段：** 平衡垫上肩负杠铃体后屈。
- **练习方法：** 两脚开立与肩同宽站在平衡垫上，上体保持正直，两手握杠铃于肩上，以髋关节为轴，上体向后屈。
- **练习组数：** 训练3组，每组20次。
- **注意事项：** 腹部、大腿肌肉收紧。

## 锻炼部位：臀大肌

图8-21　　　　　　图8-22

- **练习手段：** 平衡垫上肩负杠铃深蹲起。
- **练习方法：** 两脚开立与肩同宽深蹲于平衡垫上，两手扶杠铃于肩上，身体起立。
- **练习组数：** 训练3组，每组20次。
- **注意事项：** 蹲起要迅速。

## 锻炼部位：臀中肌、臀小肌、股方肌、闭孔内肌、闭孔外肌、梨状肌

- **练习手段：** 平衡垫上肩负杠铃分腿跳。
- **练习方法：** 两腿并拢伸直站于平衡垫上，上体挺直，两臂弯曲

握杠铃于肩上，两腿分腿跳，两脚距离2倍肩宽。

- **练习组数**：训练3组，每组20次。
- **注意事项**：保持髋部稳定，两腿伸直，胸、腹收紧。

图8-23

图8-24

## 锻炼部位：腰方肌

图8-25

图8-26

- **练习手段**：瑞士球上肩负杠铃侧屈。
- **练习方法**：坐在瑞士球上，两脚开立与肩同宽，上体挺直，两手握哑铃于肩上，上体向一侧屈。左右交替进行。
- **练习组数**：训练3组，每组20次。
- **注意事项**：腰、腹收紧，体会腰方肌被拉伸。

## 锻炼部位：缝匠肌

图8-27

图8-28

- **练习手段**：平衡垫上肩负杠铃半蹲起。
- **练习方法**：两脚开立约1.5倍肩宽半蹲于平衡垫上，双手握杠铃于肩上，半蹲后起立，两腿伸直。
- **练习组数**：训练3组，每组20次。
- **注意事项**：起立时大腿收紧。

## 锻炼部位：股四头肌

图8-29

图8-30

- **练习手段**：平衡垫上负重半蹲跳。
- **练习方法**：两脚开立与肩同宽，半蹲姿势站于平衡垫上，两臂弯曲，双手握杠铃于肩上，向前上方跳出，髋、膝、踝伸直，上体保持正直。

- **练习组数**：训练3组，每组20次。
- **注意事项**：起跳时大腿收紧。

## 锻炼部位：股二头肌、半腱肌、半膜肌

图8-31

图8-32

- **练习手段**：平衡垫上弯腰提拉杠铃。
- **练习方法**：两脚开立与肩同宽站在平衡垫上，弯腰，保持与地面平行，两臂伸直握杠铃于踝关节处，向上提拉至膝关节处。
- **练习组数**：训练3组，每组20次。
- **注意事项**：胸、腰收紧。

## 锻炼部位：耻骨肌、短收肌、大收肌、长收肌、股薄肌

图8-33

图8-34

- **练习手段**：平衡垫上分腿半蹲起。
- **练习方法**：两脚开立约2倍肩宽半蹲于平衡垫上，两臂弯曲，握杠铃于肩上，两腿蹬地伸直。
- **练习组数**：训练3组，每组20次。
- **注意事项**：两腿蹬地时收紧。

## 锻炼部位：阔筋膜张肌

图8-35　　　　　　图8-36

- **练习手段**：平衡垫上交叉腿肩负杠铃侧屈。
- **练习方法**：两腿交叉右脚在前，左脚在后，站在平衡垫上，两脚距离约与肩同宽，两臂弯曲握杠铃于肩上，上体向右侧倾。左右交替进行。
- **练习组数**：训练3组，每组20次。
- **注意事项**：胸、腹收紧，体会阔筋膜张肌被拉伸。

## 锻炼部位：腹外斜肌、腹内斜肌

- **练习手段**：平衡垫上负重转体。
- **练习方法**：两脚开立与肩同宽，上体挺直，两手握杠铃于肩上，上体一侧转动。左右交替进行。

- **练习组数**：训练3组，每组20次。
- **注意事项**：胸、腰、腹收紧，体会转腰。

图8-37

图8-38

## 锻炼部位：腹横肌

图8-39

图8-40

- **练习手段**：平衡垫上负重体侧屈。
- **练习方法**：两脚开立与肩同宽，上体挺直，两手握杠铃于肩上，上体向一侧屈。左右交替进行。
- **练习组数**：训练3组，每组20次。
- **注意事项**：胸、腹、背收紧。

参考文献

[1] Panjabi M. The stabilising system of the spine, part I: function, dysfunction, adaptation and enhancement. J Spinal Disord 1992; 5; 383-9.

[2] Kibler WB. Press J, Sciascia A. The role of core stability in athletic function. Sports Med 2006; 36 (3): 89-98.

[3] Akuthota V, Nadler SF. Core strengthening. Arch Phys Med Rehabilitation 2004; 85 (3 Suppl. I): S86-92.

[4] Lehman GJ. Resistance training for performance and injury prevention in golf. JCCA J Can Chiropr Assoc 2006; 50( 1);37-42.

[5] Faries MD, Greenwood M. Core training: stabilising the confusion. Strength Cond J 2007; 29 (2): 10-25.

[6] http://www.sport-fitness-advisor.com/core-strength-training.html.

[7] 黎涌明,于洪军,资薇等.论核心力量及其在竞技体育中的训练——起源、问题、发展.体育科学,2008(4):19-29.

[8] 王卫星,李海肖.竞技运动员核心力量训练研究.北京体育大学学报,2007,30(8):1119-1121.